世界のゴルファー
5000万人のゴルフを変える技術

10本で握る

テン フィンガー スウィング

篠塚武久
時松隆光プロのコーチ
桜美ゴルフハウス代表

ゴルフダイジェスト社

ゴルフを簡単にするには
どうすればいいか?

「グリップを
テンフィンガーに
変えるだけです。」

時松隆光プロ

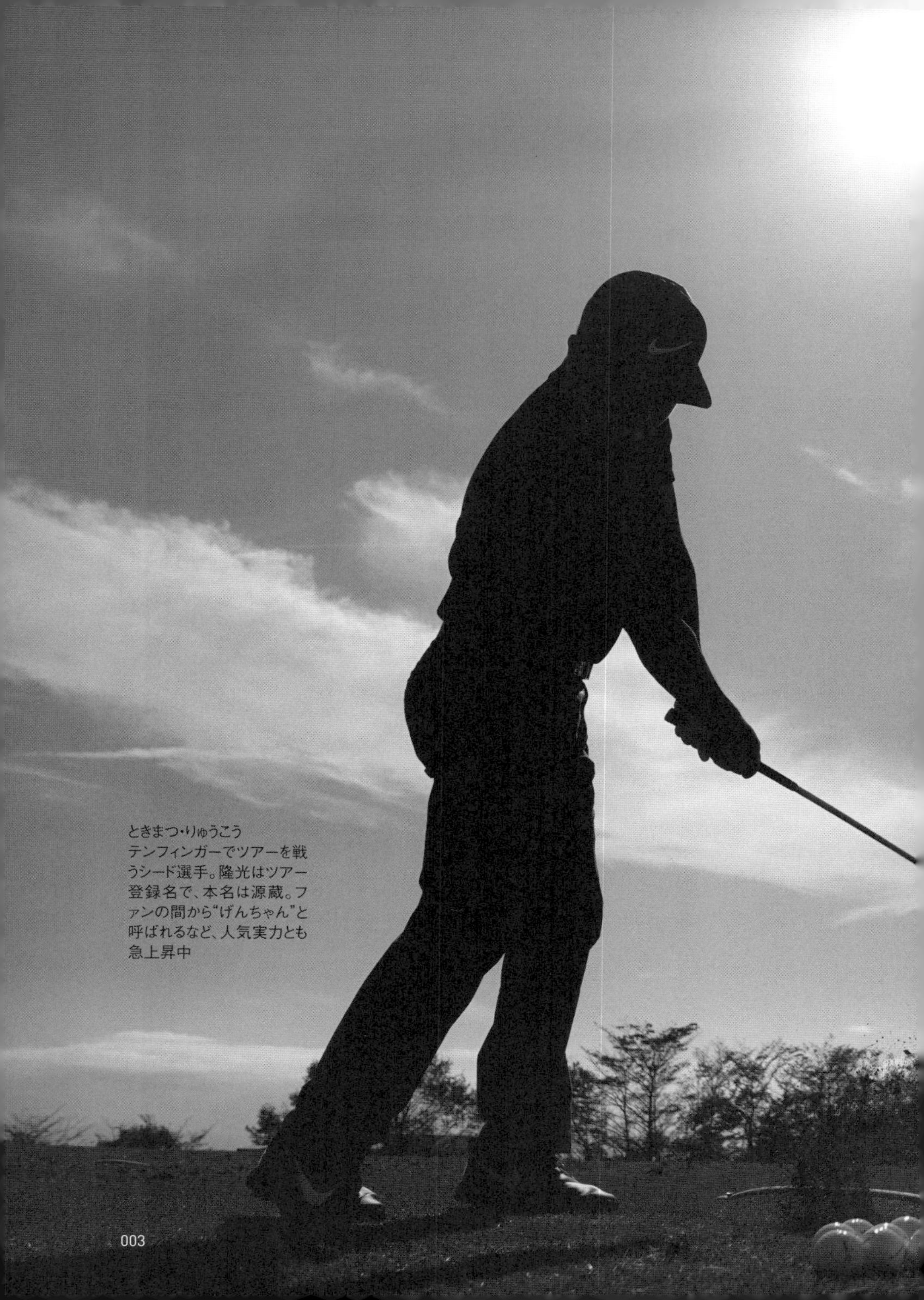

ときまつ・りゅうこう
テンフィンガーでツアーを戦うシード選手。隆光はツアー登録名で、本名は源蔵。ファンの間から“げんちゃん”と呼ばれるなど、人気実力とも急上昇中

これが
テンフィンガーのグリップだ。

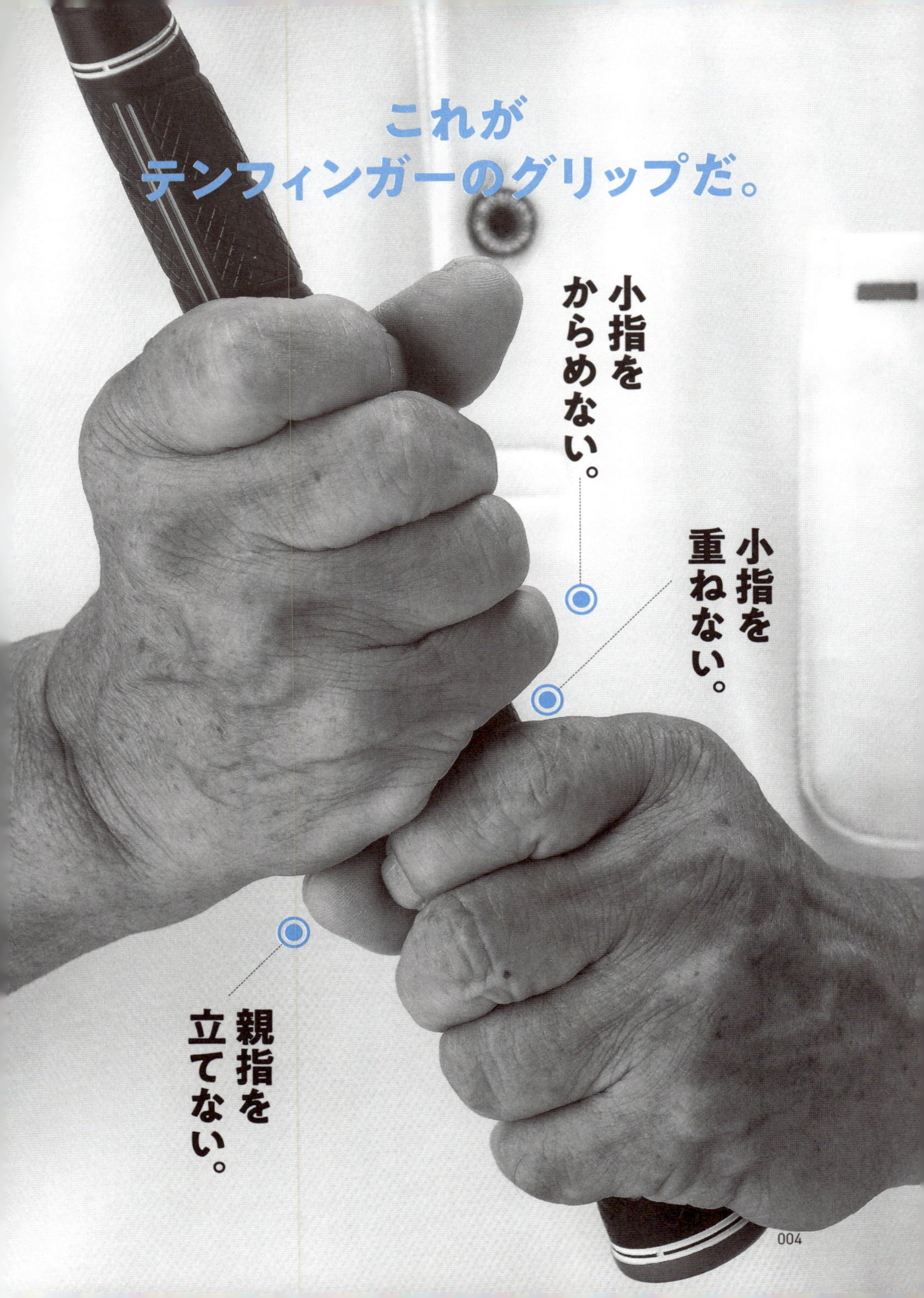

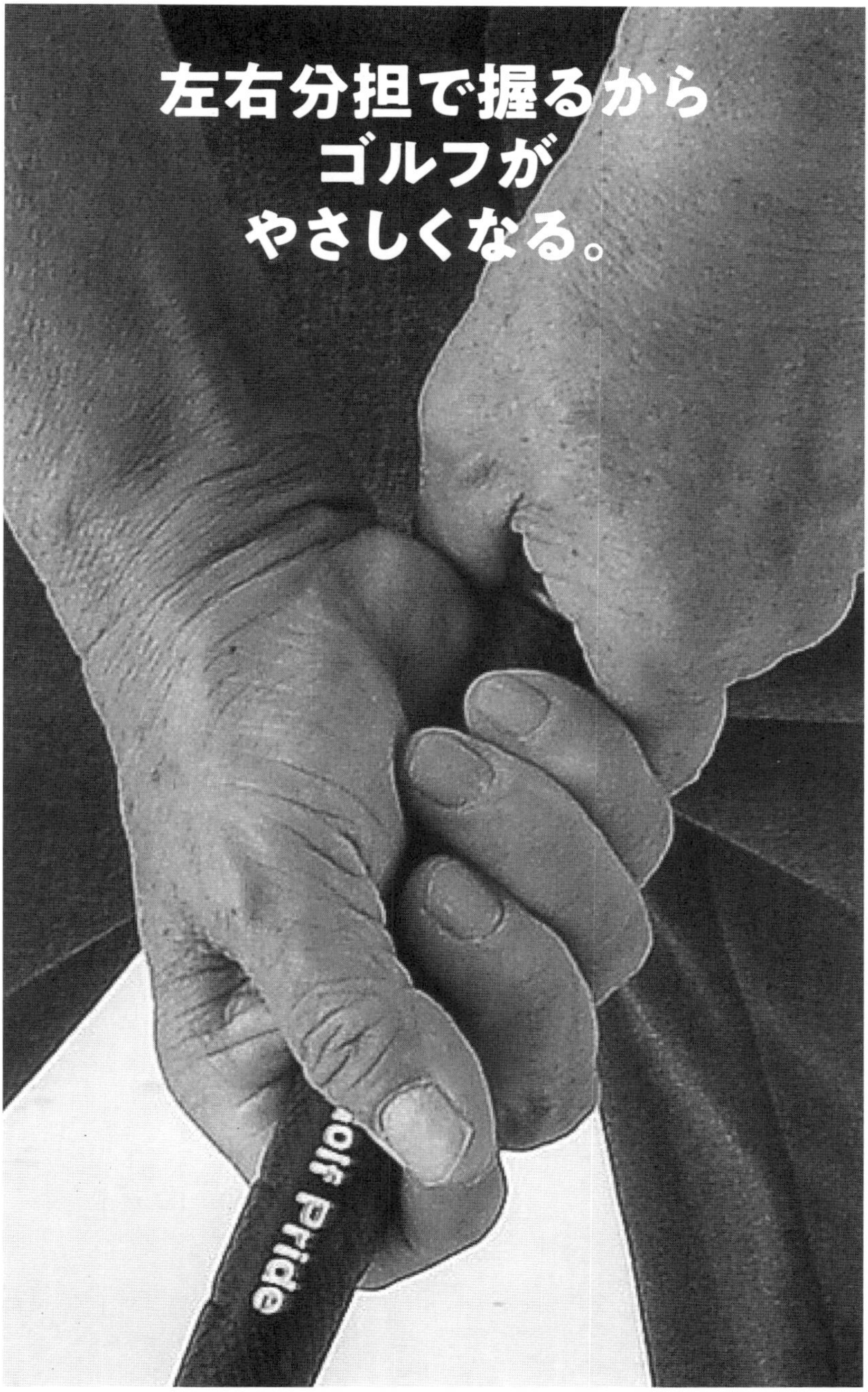
左右分担で握るから
ゴルフが
やさしくなる。
Golf Pride

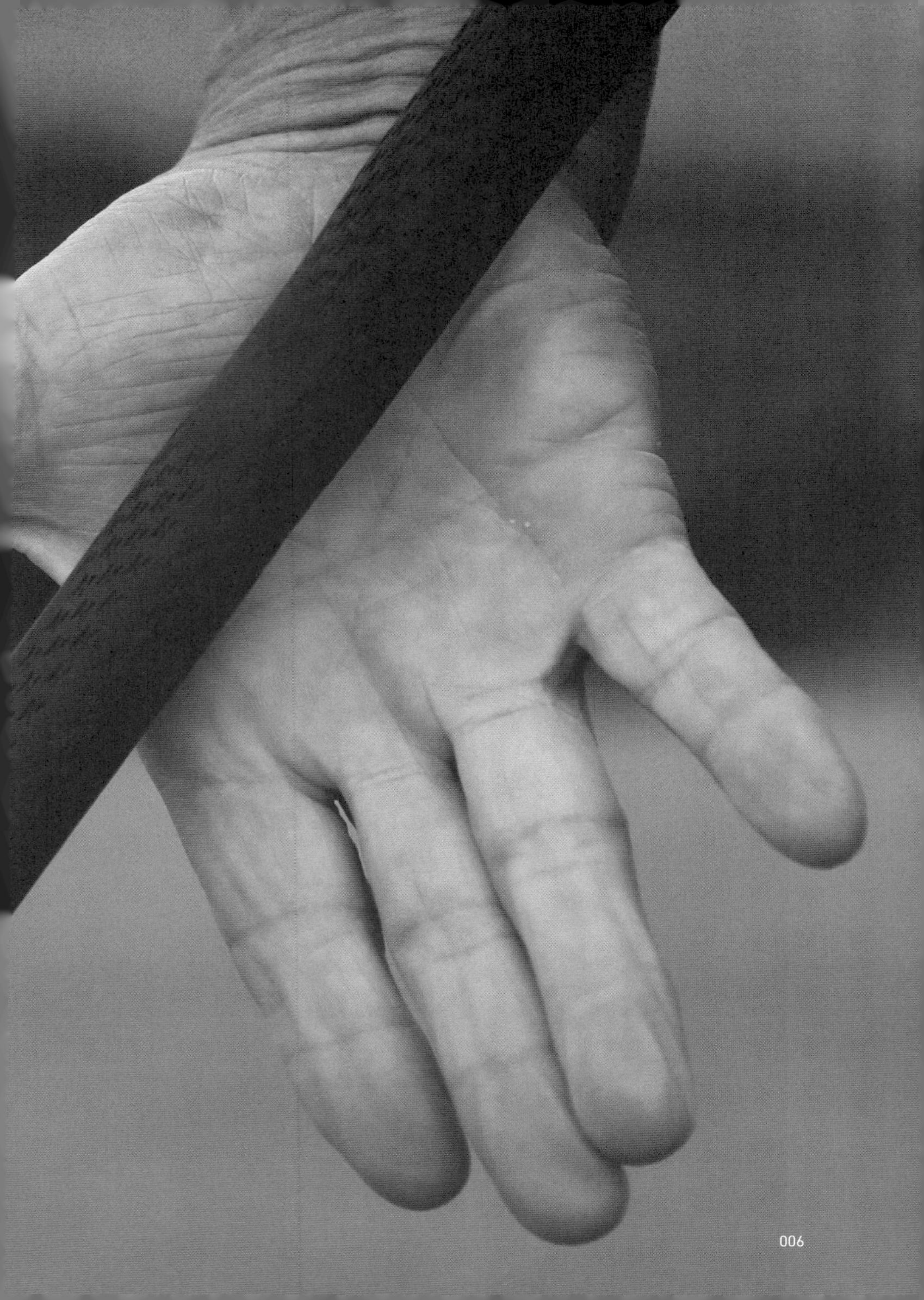

テンフィンガーのメリット

【第一に】

「右手が使える」こと。
「右手を積極的に使う」こと。

**左手主導で振るために
右手を殺すなんていう
常識をまず捨てよう。**

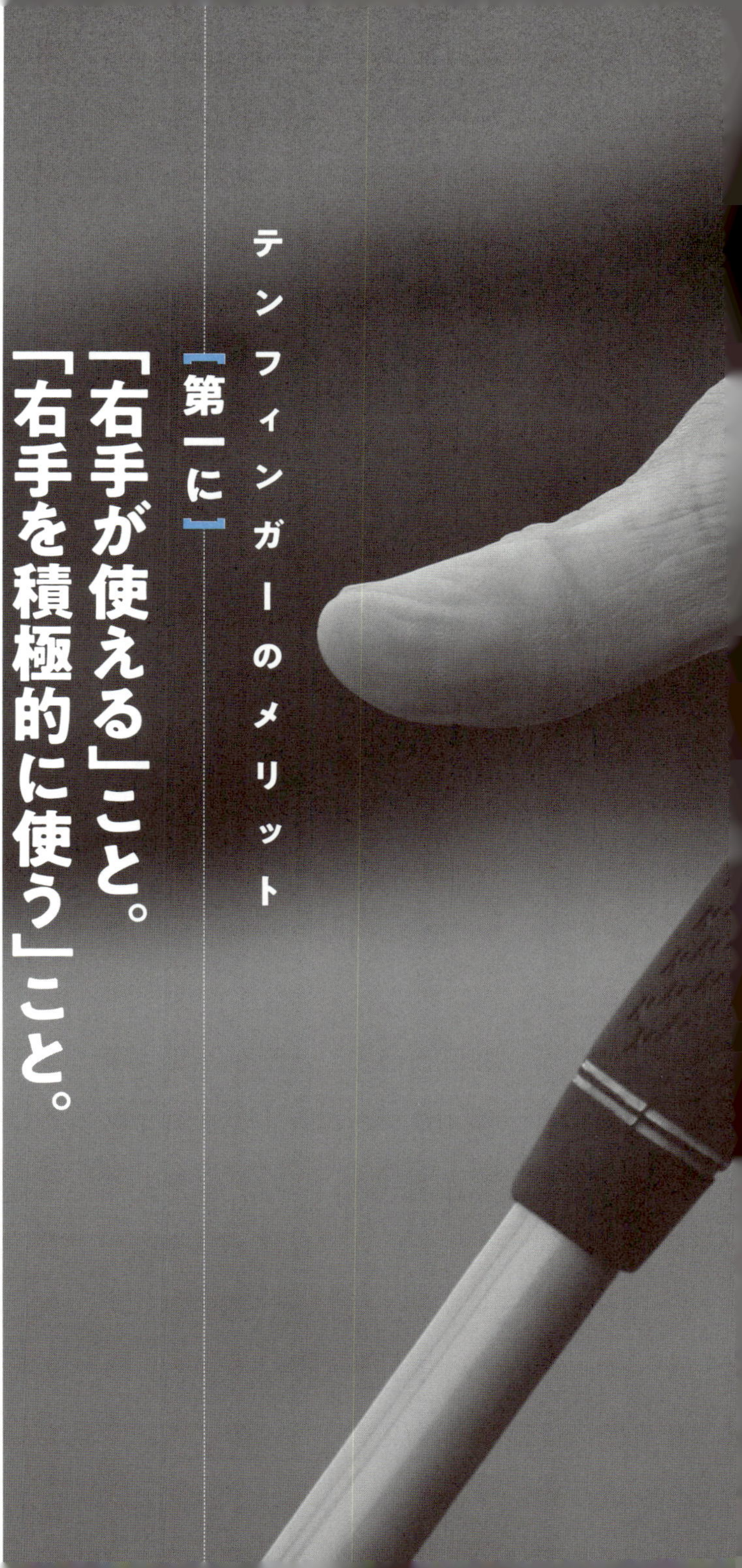

【第二に】
ショットもパットも「ヘッドが走る」こと。

テンフィンガースウィングは、
右手主導で、体の使い方が自然。
手を返さないので、
ヘッドがよく走る

再現性が高く狙ったところにボールを飛ばし転がせる。

ショット同様パッティングの
ストロークも自然体。
右手主導で、ヘッドがよく上がるから、
ボールの転がりがよくなるという、
好循環を生む。
引っかけや押し出すミスもなくなる

テンフィンガーのゴルフアカデミー
篠塚武久
非常識集団「桜美式」がゴルフ界を変える

9本より
10本指で握る
ほうが
ゴルフは

私がゴルフスウィングを研究し始めて約30年、ずっと考え続けてきたことがあります。それはすべてのゴルファーにとって、ゴルフをもっと簡単なものにしたいということです。

大人のゴルファーは、「ゴルフは難しい」と言います。しかし、私の「桜美式」を習いにくるジュニアは、みんな簡単そうに球を打っています。しかも、運動神経がいい子だけが上達するというわけではありません。

たとえば、ジュニアにゴルフクラブを初めて持たせてみると、それぞれに自由な握り方で10本の指でグリップし、球を打ちたがります。たとえ最初は空振りをしていても、球に当てられないままの子なんていません。やがてはみんなが気持ちよく飛ばせるようになります。

ところが、そこに大人が出てきて指導してしまう。そんな握り方じゃダメだよ、クラブはこうして握るものなんだよと、左手の親指をシャフトに沿わせ、左手の人差し指に右手をかぶせてみなさいと、9本で握るグリップを教えます。

ぼくらはみんなテンフィンガーで上手くなりました

そもそも、グリップは、人それぞれ自然にどう握ってもいいはずでしょ。グリップは、球を正確に、真っすぐ、遠くへ飛ばすという目的のための、単なる手段にすぎないんですから。

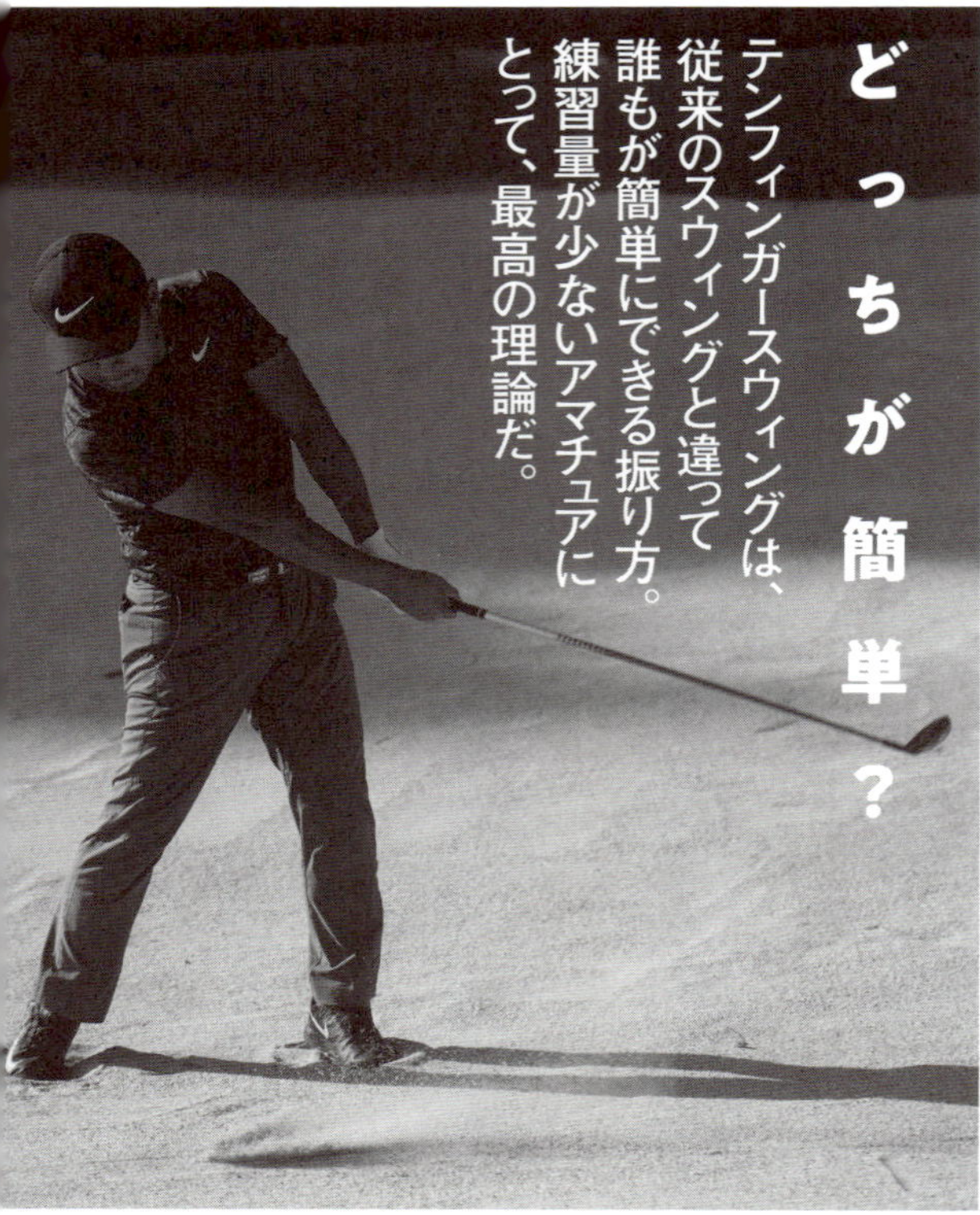

どっちが簡単？

テンフィンガースウィングは、従来のスウィングと違って誰もが簡単にできる振り方。練習量が少ないアマチュアにとって、最高の理論だ。

テンフィンガースウィング

↓

- 右手主導
- 手が返らない
- 手を意識する
- レベルブロー
- 前傾が崩れない
- 体をねじらない
- コンパクトトップ

「桜美式」のモットーは、自然に、簡単に、安全に、そして楽しく上達しよう、です。これまでの常識は、あまりにも不自然で、難解で、危険で、そして苦しく、なかなか上達しない教えが多すぎます。

たとえばグリップも、右手の一部を左手に重ねるオーバーラッピングは、100年以上も前に考案された、右手を使いすぎてしまうプロ向けの、難易度の高い握り方でした。

すべてのゴルファーに、多大な努力や、膨大な時間や、そして類まれな運動神経を求

今までのスウィング

▼

左手主導

リストターンする

ヘッドを意識する

ダウンブロー

前傾が崩れやすい

捻転スウィング

大きなトップ

めてはいけないんです。

オーバーラッピングにせよ、インターロッキングにせよ、両手を重ねて握ることでスウィングは複雑化し、再現性がとても悪くなってしまいます。**オーバーラッピングからゴルフを始めた方も、自然なグリップに「戻す」と思えば、テンフィンガーに馴染みやすいはず。**本書を通じて、オーバーラッピングが普及する以前のその昔、もともと誰もがテンフィンガーだったころに温故知新で「戻る」つもりで試してください。（篠塚武久）

CONTENTS

プロローグ

・ゴルフを簡単にするにはどうすればいいか？ 002
・これがテンフィンガーグリップだ 004
・右手を殺すなんていう常識をまず捨てよう 006
・ショットもパットも「ヘッドが走る」 008
・「非常識集団」桜美式がゴルフ界を変える 010
・テンフィンガースウィングと今までのスウィング 012

1章 ゴルフの常識を手放す！
テンフィンガーがゴルフにいい理由

［どっちが簡単❶］テンフィンガー×オーバーラッピング 018
・右手主導だから利き手が生きる 020
・両手を“グー”で握るとゴルフが簡単になる 024
・「手のひら」の力は強い！　だからボールを遠くへ飛ばせる 030
［どっちが簡単❷］手が返らない×手首を返す 036
・ヘッドが走るからインパクトが強い 038
・手首を返さなくてもヘッドが走る 040
・テークバックもフォローもわきは開いていていい 044
・体をねじらないからスウィングがシンプルになる 048

2章

右手主導の構え方
テンフィンガーでアドレスする

・生命線にグリップを当てて握る 054
・親指は入れない、シャフトだけ握る 058
［どっちが簡単③］半身の構え×スクェアスタンス 064
・右手が生きる握り方をマスターしよう 066
・グリップありきでセットアップする 072

3章

ゴルフは打つんじゃない
刀で切るようにクラブを振る

・球は「打つ」ものではなく「切る」ものだ 076
・グリップは左手からではなく右手から握ること 082
［どっちが簡単④］コンパクトトップ×オーバースウィング 084
・右手のひらが上を向くと足の裏が使える 086
・腕をねじらないフォローをマスターする 092
・利き手リードが上達する練習法 096
・人差し指の特殊な機能を生かす 100
・スウィングリズムが良ければショットの再現性が高まる 104

4章

ショートゲームも10本指

アプローチもパッティングも簡単

・右手を積極的に使うのが「桜美式」パッティングスタイル 108
・よく入る、釣り鐘式の「ライジングパット」 112
・パットが入る理由はボールの転がりがよくなるから 118
・ボール「芯」とフェースの「芯」で打つのは難しい 120
・アプローチの距離感はロングパットと同じ 122
・45度のクラブで転がして寄せる 126
・右手重視だから〝上げるショット〟も打てる 128
・スプリットハンドはドリルにも実戦にも効果的 130
・バンカーショットも〝刀イメージ〟で 132

テンフィンガーに変えて成功したゴルファーたち 134

【あとがき】10フィンガーの「桜美式」はいつまでも進化し続ける 142

編集協力 平山譲
写真 姉崎正、浅田紀元、大澤進二、岡沢裕行
カバーデザイン 植月誠
デザイン 近藤可奈子、植月誠

本書は週刊ゴルフダイジェストで連載中の「みんなの桜美式」を加筆&再編集したものです

第1章

ゴルフの常識を手放す！

テンフィンガーがゴルフにいい理由

どっちが簡単？

1

テン フィンガー

人間が両手で棒状の道具を扱う場合、親指をグリップにそわせる、両手を一体にする、など考えない。ゴルフクラブも同じ。今まで「グリップ」の役割は、クラブをどう持つか、どう振るかのためだけで論議されていたが、体全体をどう動かすかにまでかかわる大きな役割があることを発見。人間にとって自然な握り方の左右分担型テンフィンガーであれば、難しい技術がなくても、無理のないスウィングで、毎回同じ軌道で安定して振れる。

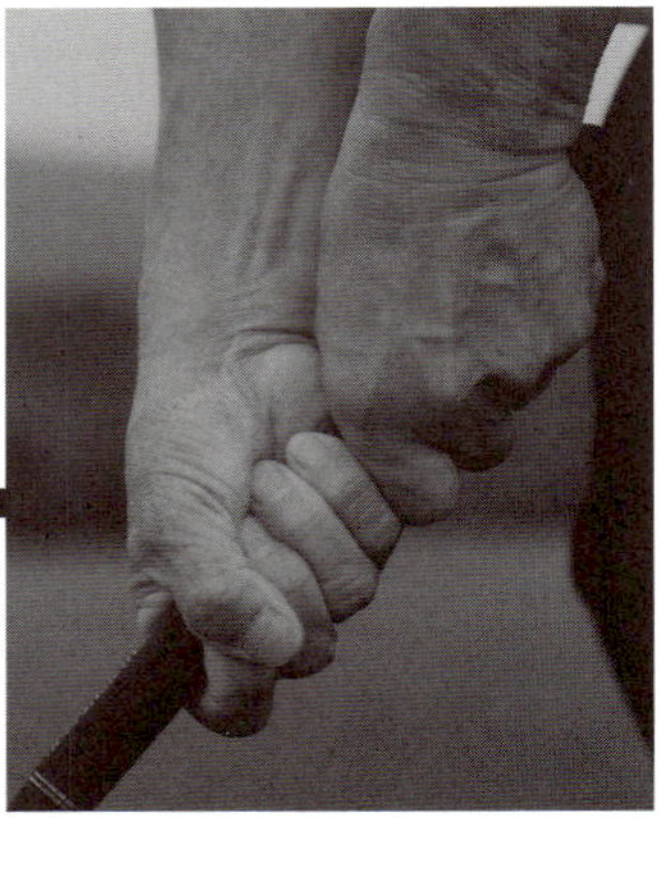

オーバーラッピング

オーバーラッピングのような両手合体型は、利き手である右手の力も、右手の感性も殺してしまい、左手主導でクラブを操ることを強いられる。また、体の両末端についている手のひらと足の裏を連動していくことが体のバランスを生かし、パワーを発揮することにつながるが、合体型グリップは、指は生かすが、手のひらは生かせないので、体のどこかに無理な動きが生まれ、上達も遅くなり、指や腰のケガにもつながってしまう。

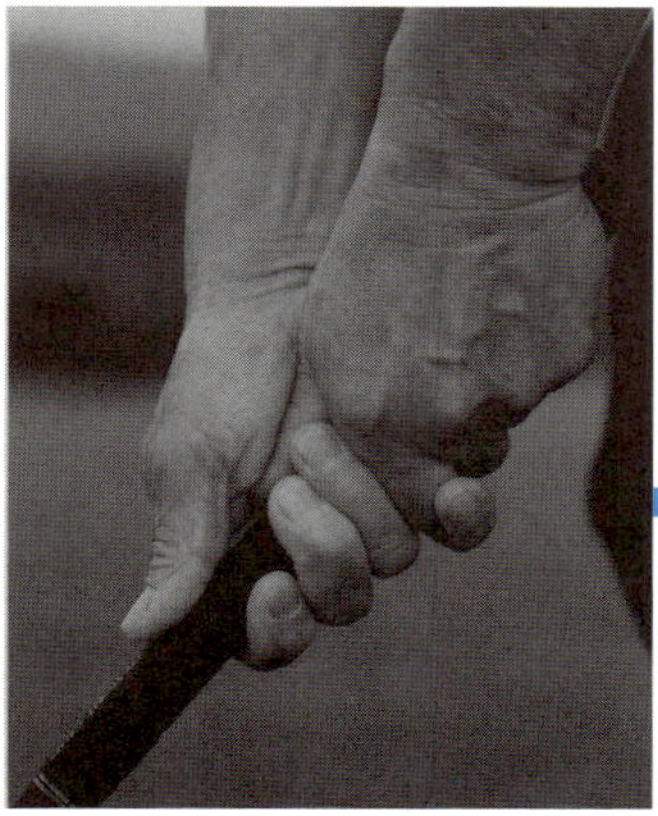

右手主導だから利き手が生きる

捨てる常識

左手主導でクラブを振る

そもそも人間は、両手をそろえて左右同じ動作をすることが苦手な動物であるということがあります。にもかかわらず、ゴルフにおいては、グリップという最初のとっかかりの時点で、両手合体型の9本で握るグリップにして、苦手な動作をさらに困難にしています。

オーバーラッピングやインターロッキングを選択してしまうと、利き手である右手を生かすことができない。なかなか上達できずにアマチュアが苦労しているのは、「両手合体型グリップスウィング」をさせられてきたせいと言っても過言ではありません。

人間は道具を使うとき、必ず利き手である右手を主役にします。左手は単なる補助にすぎず、たとえば野球の投球にしても、両手で一緒にボールを投げれば、速球は投げられないのです。

左右分担型のテンフィンガーグリップ

右手主導

利き手の右手を主役にする

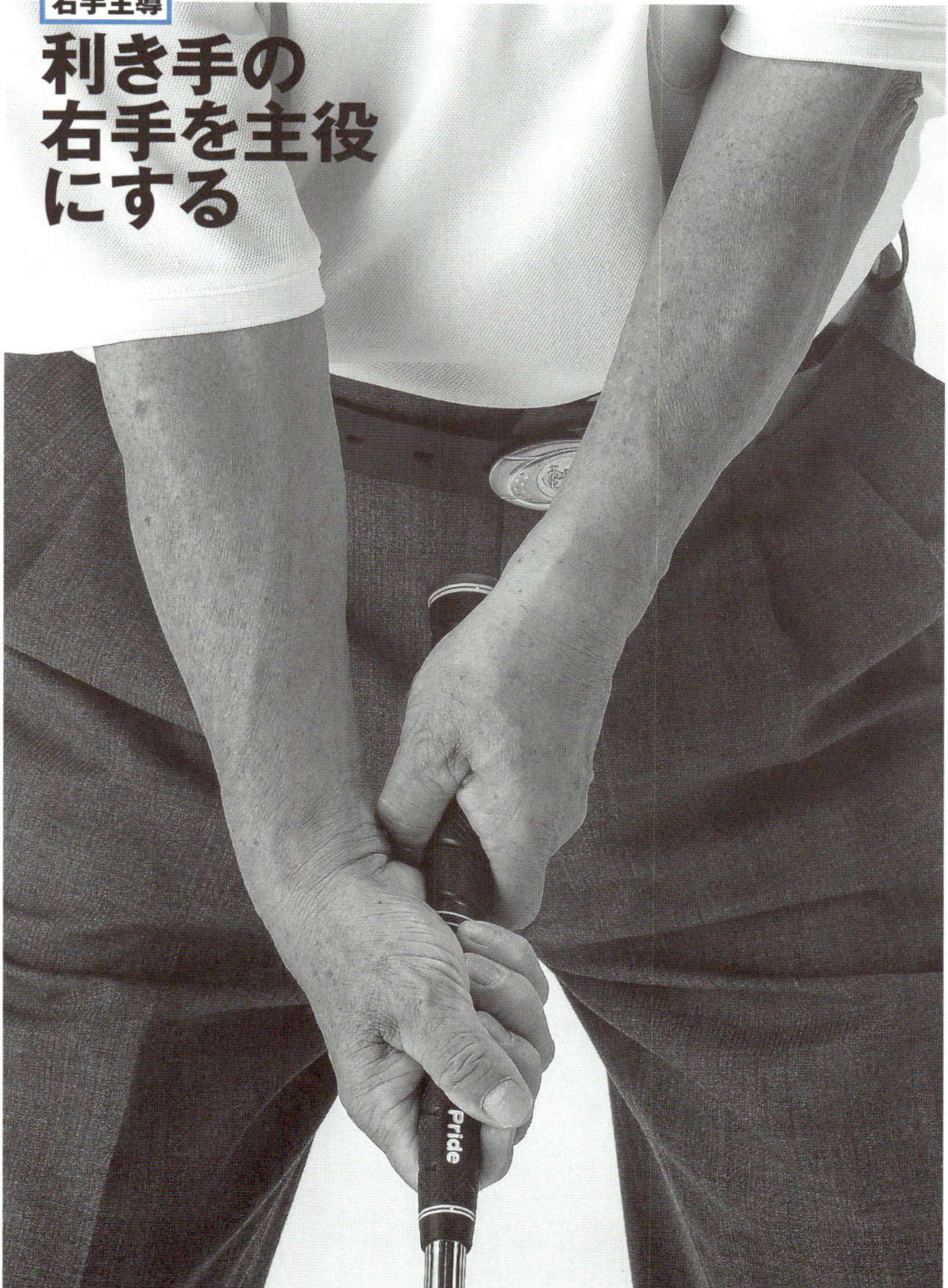

オーバーラッピングなどで覚えたゴルファーは
左手主導のゴルフから、右手を主役にする
ゴルフに意識を変えることから始めるといい

なら、両手の一部を重ね合わせることなく、右手で直接クラブのグリップを握れます。そして、左手をあくまで補助にして、右手1本の「片手スウィング」の感覚で、自然で簡単に球を操れるのです。

左手の意識をなくす

いかに利き手の右手を主役にするか。

グリップだけテンフィンガーにしたところで、肝心の脳に、従来どおりの「両手スウィング」のイメージがこびりついてしまっているという人が実は多いんです。テンフィンガーは左右分担型ではあっても、実際にはクラブを両手で握ります。クラブは重さがあるため、どうしても右手1本で持つわけにはいきません。

左手の力も借りていますが、その左手に意識が残ってしまうと、利き手である右手を主役にしにくいんです。

実際には両手で握りながらも、左手の意識を薄れさせ、利き手である右手主導のスウィングができるようになれば、クラブもボールの扱いも簡単になるのです。

しかし、従来のゴルフの常識は「左手リード」。365日を練習に割ける時間のあるプロが、力のありすぎる右手を殺すためならいざしらず、時間が限られ、非力なアマチュアが「左手リード」を選択するなんて、遠回りもいいところです。

左手主導の常識を捨て、右手主導に変えることが、テンフィンガースウィングの上達の近道です。

右手主導
利き手なら
片手1本でも
力も感覚も
出せる

利き手ではない左手1本でボールを打つのは難しいが
利き手の右手なら片手でボールを打つことはやさしい。
右手主導が、テンフィンガースウィングの第一歩だ

両手を〝グー〟で握るとゴルフが簡単になりケガをしない

捨てる常識

左手親指を右手に入れて〝両手合体型〟で握る

テンフィンガーは「ナチュラルグリップ」という別名どおり、自然な握り方です。**ジュニアゴルファーが自然とテンフィンガーで握ってしまう理由のひとつは、ゴルフクラブが重いから**です。クラブをトップの位置まで上げていくテークバックの動作は、重力に逆らう動きでもありますから。

両手合体型のオーバーラッピンググリップでクラブを上げている子は、どうしても力が入らず、ヨロヨロしてしまう場合が多いんです。非力な女性やシニアでもそれは同じで、テークバックが不安定でトップの位置が打つたびに異なるというアマチュアをよく見かけます。これは単純に、両手合体型で、しかも**左手主導のグリップでは、クラブの重さに対応できていない**ということなんです。

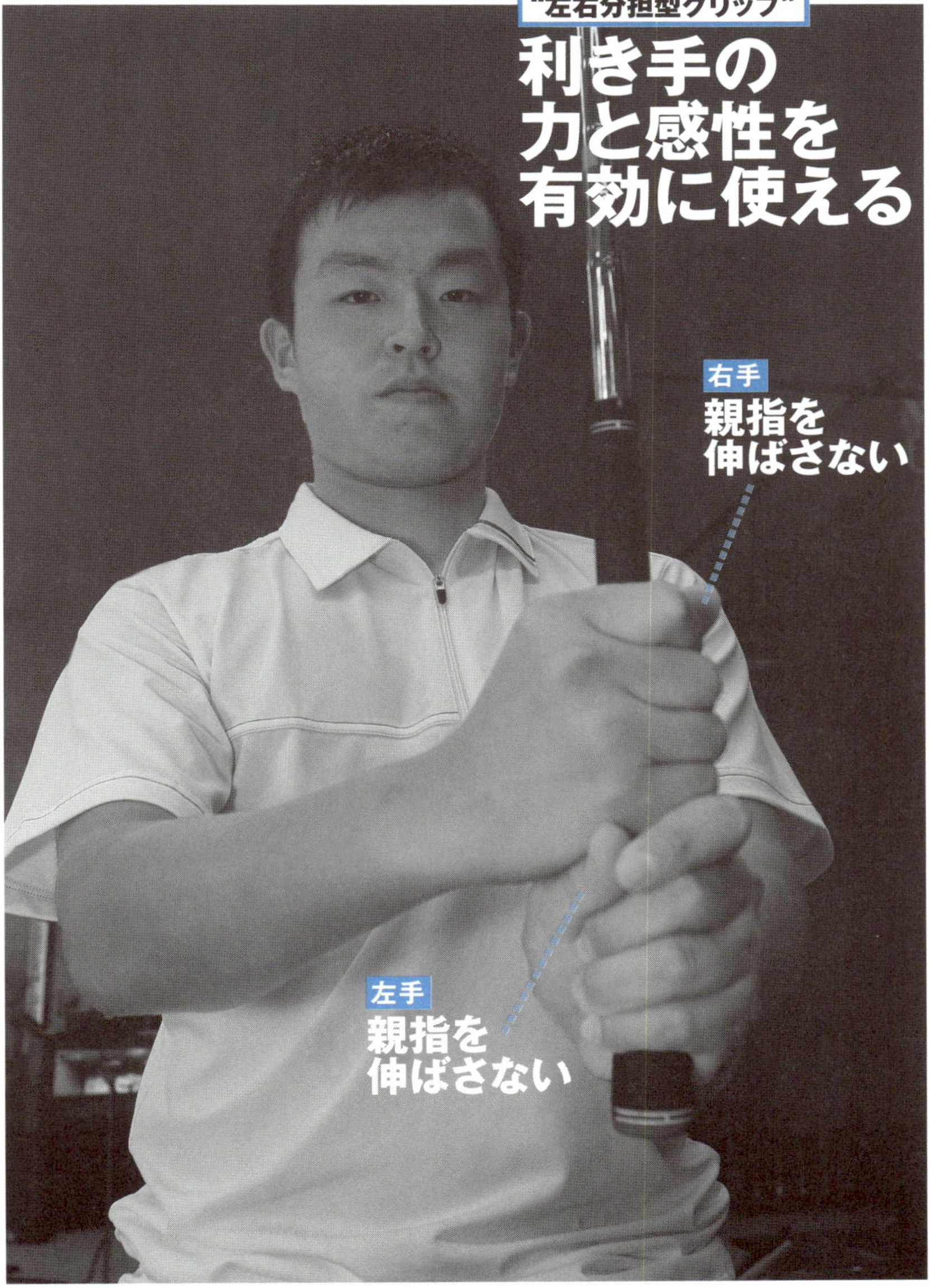
“左右分担型グリップ”
利き手の
力と感性を
有効に使える
右手
親指を
伸ばさない
左手
親指を
伸ばさない

親指を伸ばしてロングサムだとか、ちょっと折ってショートサムだとか、
考える必要はない。ただ“グー”に握るだけ。テンフィンガーは
利き手の力と感性のどちらも生かせる握り方だ

成人の男性であれば、オーバーラッピングでも問題ないということではありません。たとえヨロヨロしなくとも、左手主導だと利き手が十分に使えないため、毎回正確に同じ軌道にクラブを上げているアマチュアは、実は、そう多くはないんです。長い棒を左手で操るのは、相当な鍛錬を要します。だから、トップをどこに上げようなどと、いつも複雑に考えてしまいます。

ケガがないのもメリット

左右分担型のテンフィンガーなら利き手が使えて安定するから、簡単です。両手合体型は、どうしても右手を強く働かせすぎてしまうと、１００年前にプロゴルファーのハリー・バードンが苦肉の策で発明した特殊な握り方なんです。**右手を殺してしまうことによる左手親指つけ根の亜脱臼の危険性があることも、大きなデメリット**です。指の痛みと闘いながらプレーしているゴルファーはかなり多いですよね。

時松隆光プロは、これまで一貫してテンフィンガーで、指が痛くなったことは一度もありません。指が痛まないことも他のプロから羨ましがられ、テンフィンガーを真似されたこともあったと聞きました。親指のケガで苦労された丸山茂樹プロもその一人でした。

私自身が20年前まで両手合体型のグリップでした。不自然で、難解で、危険であっても、構わずにやってきました。その結果、指や腰を故障して試合に出られなくなってしまったほどです。

プレーができずに絶望しかけていたとき、私の練習場へきた大学教授から、ぽつりと言われたんです。「人間の特性を殺してまで、なぜこんな矛盾したグリップで握らなければならないんですか」と。

その教授はお客さんで、私がゴルフを教えなければならない立場だったのに、逆に教えられてしまいました。ハッとさせられたんです。

ゴルフは自然のなかでのびのびとプレーするスポーツです。それなのに、クラブを握るという最初の作業から、とても複雑な指の使い方を覚えさせて、しかも不安定で故障につながる危険性すらあるグリップを、私は自分自身に、強いてしまっていたんだなと。

テンフィンガーに異なる説明などいりません。でも反対にオーバーラッピングで握らせようと思ったら、かなり細かい説明を要しますよね。左手の小指、中指で握り、親指をシャフトに乗せて、右手は左手を包み込んでかぶせ、左手主導で握ってみてください、と。

オーバーラッピングは制御が多すぎるんです。だからゴルフは難しい、複雑な技術がいるスポーツではないかと思わせてしまうんです。

グリップという技術ひとつで、ストレスを溜め込んでも楽しいはずがありません。両手を〝グー〟にして握るだけなら、簡単でしょう。

親指でクラブを受けない

もし「桜美式」のゴルフに制限があるとすれば、10本の指で握っても、両手の親指を伸ばしてシャフトに乗せてはいけないことぐらいです。自然に握れば親指を伸ばそうなどとはしないもので、あくまでも両手合体型のグリップに慣らされてしまっている人向けの指導法です。

どうして**親指をシャフトに乗せてはいけない**か。たとえ、テンフィンガーでも左手の親指を伸ばし、そこを通じて右手と左手を連結したままでは、やはりそれも両手合体型なんです。クラブが重く感じられるし、テークバックが不安定になります。右手の親指も同じ、トップの位置で親指でクラブを支えようとし不安定の原因になります。また、伸ばすと親指つけ根への負担もそのまま。「トップでは親指でクラブを受ける」というよくある指導が危険です。親指だけでは受け止められないぶん、足や腰など体の別の部分を無理に使うので、さらなる故障にもつながります。

クラブをテークバックする際は、10本の指すべてを動員して安定させる。方向性や距離感などには右手の感性も十分に生かす。ゴルフは制限だらけで難しい両手合体型よりも、自由で簡単な左右分担型のほうが断然有利なんです。

初心者の子どもにも簡単

力がなくても毎回ラクにクラブを同じ位置に上げられる

クラブをトップの位置まで上げていく動作は
重力に逆らう動きだが、両手“グー”握りなら、
子どもたちも毎回同じ位置にクラブを上げられる

「手のひら」の力は強い！だからボールを遠くへ飛ばせる

捨てる常識

クラブは、フィンガーで握る

クラブは指で握る、それが常識とされてきました。傘を持つように指で握りましょう、などです。でも、「桜美式」では、指で握りなさい、とは教えません。なぜなら、指で握るところから、ゴルフの悩みや苦しみが始まることが、はっきりしているからです。

「桜美式」のテンフィンガーは、指ではなく、手のひらで握ります。

指は、細かな作業が得意。針仕事、絵を描く、箸を持つ、すべて指の仕事です。一方、手のひらは、細かな作業が苦手。針も筆も箸も、手のひらで持ったのでは上手く操れませんよね。確かに、細かな作業は手のひらではなく、指です。

しかし**手のひらは、力を必要とする作業が得意**なんです。重量挙げのバーベルを持ち上げるのも、重たいドアを押し開けるのも手のひらです。プロレスラーが敵に張り手を食らわすときも、やはり手

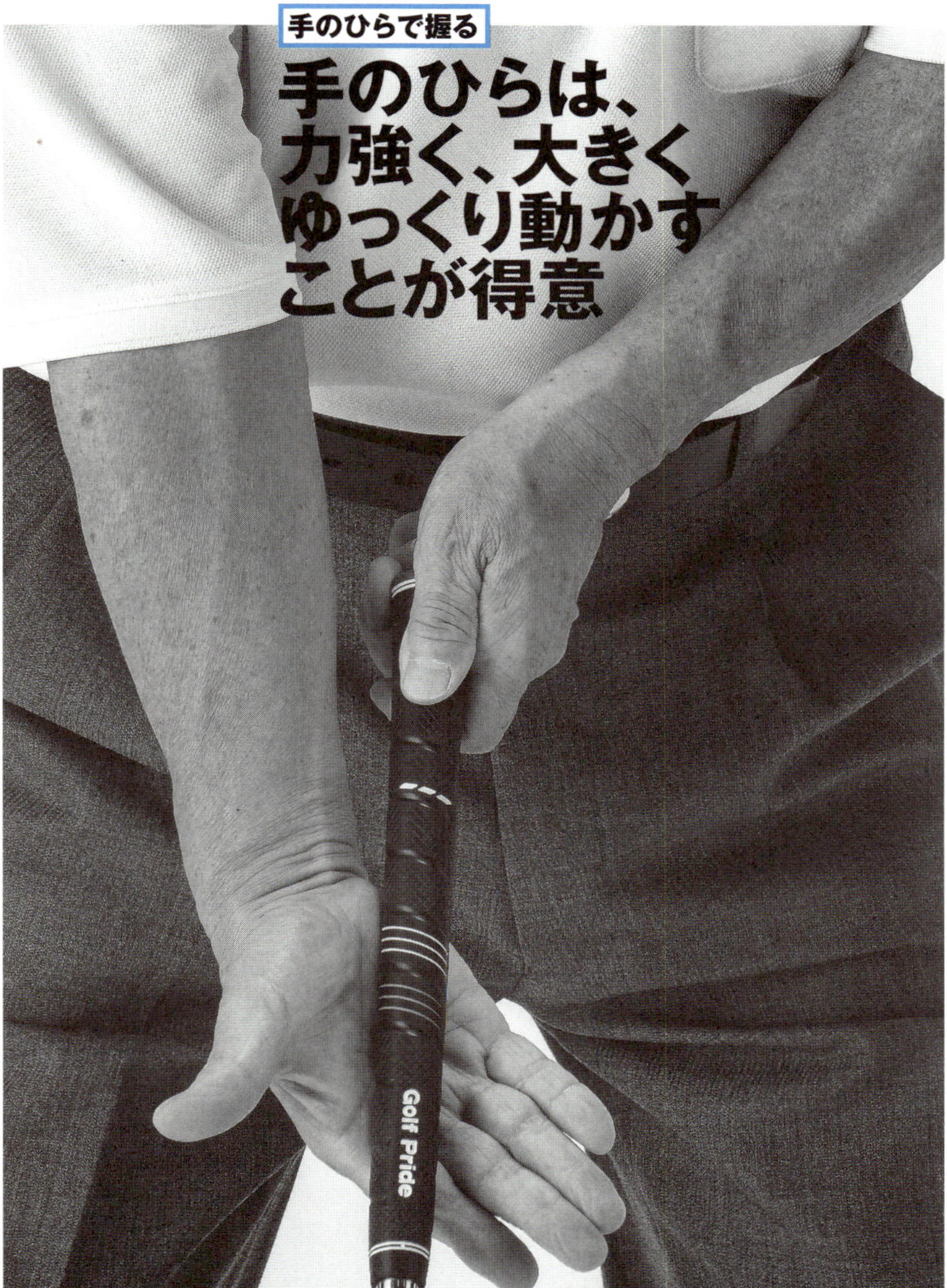
手のひらで握る
手のひらは、力強く、大きくゆっくり動かすことが得意
Golf Pride

手のひらは、力を必要とする作業が得意、
手のひらは、大きくゆっくり動かす動作が得意、
手のひらは、プレッシャーにも強い

のひらを使いますよね。

違いはまだあります。指は小さい範囲を素速く動かすのが得意です。そろばんを弾くのも、お札を数えるのも、手のひらでは遅いでしょう?

でも手のひらは、大きい範囲でゆっくり動かす動作が得意です。餅つきや樹木の伐採などを想像するとわかりやすい。それに、指はプレッシャーに弱く、緊張してしまうと文字も書けなくなります。手のひらは、たとえ震えてしまったとしても、物を落とさずに持っていられる強さもあります。

整理してみると、指は、細かく、小さく、素速い動きが得意で、プレッシャーに弱い。**手のひらは、力強く、大きく、ゆったりした動きが得意で、プレッシャーにも強い**。こうして並べてみるだけで、どちらがゴルフクラブを握るのに適しているか、もうわかりますよね。

なぜ、フィンガーグリップがゴルフでは推奨されてきたか?

主な理由はふたつあると思います。1つは、ゴルフクラブはシャフトが細いという物理的なこと。野球のバットより、テニスのラケットより、ゴルフクラブは細いですよね。バットもラケットも手のひらで握りますが、ゴルフクラブは細いがゆえに、指でも握れてしまうじゃないですか。シャフトは傘の持ち手ぐらいの、ちょうど指で握れる細さです。

ですが、ゴルフクラブは傘とはまった

く違います。いくら指で握れる細さだからといって、実際に球を打つと、1トンにも及ぶ衝撃がグリップにかかると言われています。それを指で、しかもオーバーラッピングのように一部の指にわざと力が入らないような状態にして球を打つなんて、それはとても危険な行為です。

フィンガーよりパーム

パームグリップではなくフィンガーグリップが主流になったもうひとつの理由は、プロが指で握ってきたという歴史的背景です。強い力を出しすぎたくないプロが、クラブの操作性のことを考え、球筋をコントロールしようとしたので、オーバーラッピンググリップとともに普及しました。そこでフィンガーグリップが、アマチュアにも広まっていったんです。

自分の手のひらを見てください。なぜ指は、「1対4」なのでしょう?

親指が1本と、その他の指が4本、手のひらを介して「1対4」に分かれています。それは、まさしく手のひらで物を握るため。猿は木の上が生活の場ですから、枝を握る必要があります。木の実を剥くだけなら指だけあればいいんですが、「1対4」の親指と人指し指の間、すなわち、手のひらがあることで、「つまむ」だけではなく、「握る」ことが可能になっています。

その「1対4」で、鉄棒にぶら下がれるわけです。ボクシングのグローブを見てください。「1対4」に分かれていて、親指と人指し指の間の手のひらで拳を握りこむことで、強いパンチが放てるわけです。

手のひらは肩、足裏とも連動

指で握ると、体のほかの部分と上手く連動できません。たとえば手のひらの付け根は、腕を介して肩とつながっていいます。指で握ると肩との連動ができない。また、手のひらは、足の裏ともつながっています。これが連動できてこそ、地面のパワーを得られるんです。

右手だけではなく、左手も指ではなく手のひらで握ります。もちろんオーバーラッピングやインターロッキングのように、指をからめたり重ねたりする両手合体型ではダメです。あくまでも野球のバットのように左右分担型です。

それだけでクラブが安定し、細かい操作を気にせずに思い切って振れます。

もともとクラブは、操作なんて必要ないようにできているシンプルな道具です。逆に、**指で操作してしまうから、いろんなミスが際限なく出てきてしまう**。「桜美式」のジュニアたちは、ごく自然に手のひらで握って、誰も悩まず、苦しまず、まるで猿が木にぶら下がるかの如く、悠々と球を飛ばしています。

みなさんも、他人からの教えではなく、自分自身の本能をもっと信用して、手のひらでゴルフを楽しんでください。

親指1対他4
指はつまむ、
手のひらは
握るためにある

球を打つと1トンの衝撃がグリップにかかる。
指だけではキケン。指でつまむのではなく、
手のひらで握れば、指を痛めることはない

035

どっちが簡単？

2

手が返らない

そもそも左右分担型テンフィンガーは、手が返りにくいグリップ。比べて両手合体型グリップは、手を返すための握り方だ。しかし、「手を返す」動作が飛距離を生むという発想に頼ると、ゴルフに大事な正確性や再現性が疎かにされてしまう。クラブもボールも進化している。より直進性が高い道具の性能を生かすためにも手は返さなくていい。両手合体型グリップは大型ヘッドに負けて、必要以上に返ってしまう危険性すら含んでいる。

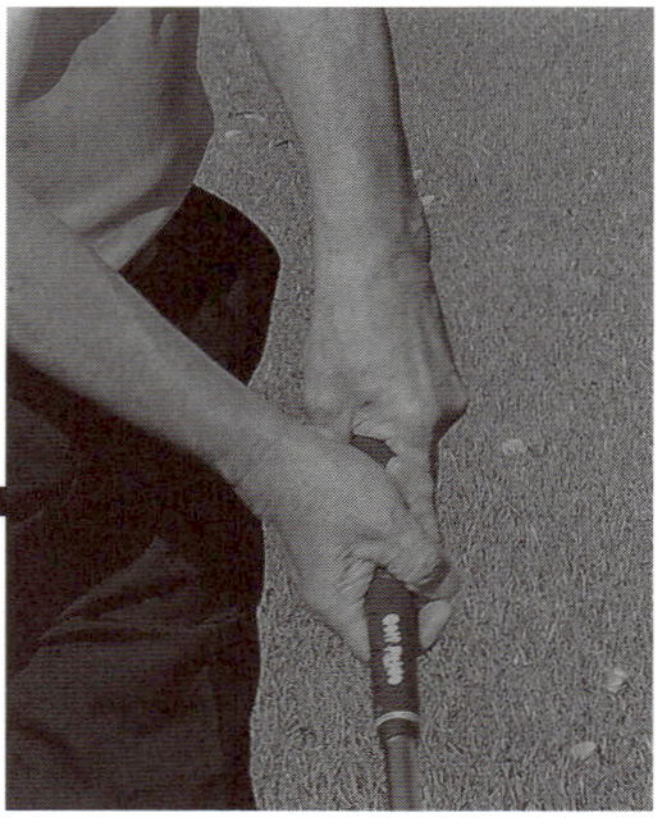

手首を返す

手首が返ったように勘違いしている動きとは、ひじや腕が回旋して、手が返っているように見える動きでしかない。ひじや腕の回旋も、親指が手の内側に入り、小指が重なるオーバーラッピングなどのグリップにより起こりやすくなる。体がねじれ、腕が回旋し、フェースの開閉がムダに起こってしまう。それらのコントロールを毎回同じようにすることなど、人間には難しすぎる。「リストターン」という常識を捨てよう。

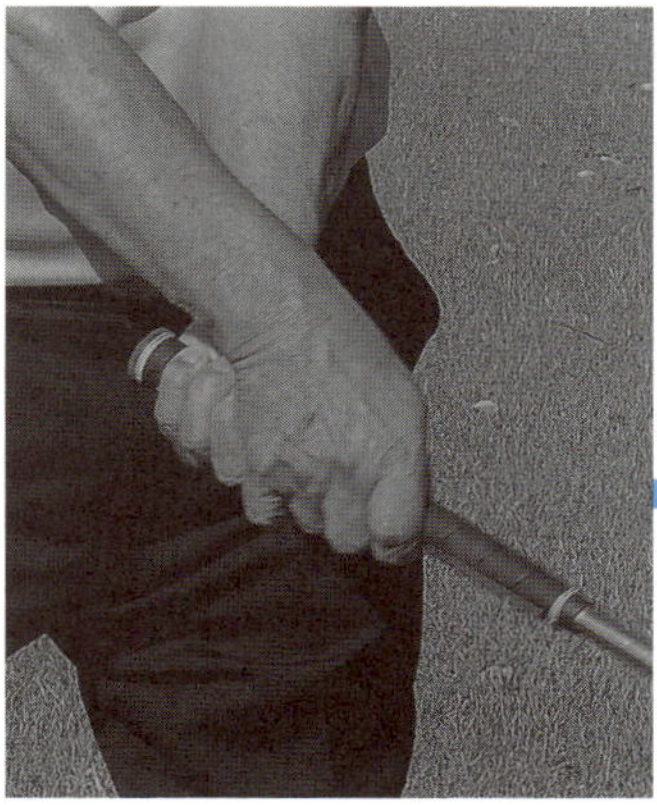

ヘッドが
走る

手を返さないインパクトゾーン

右手リードでインパクト。手が返らないからヘッドが走る

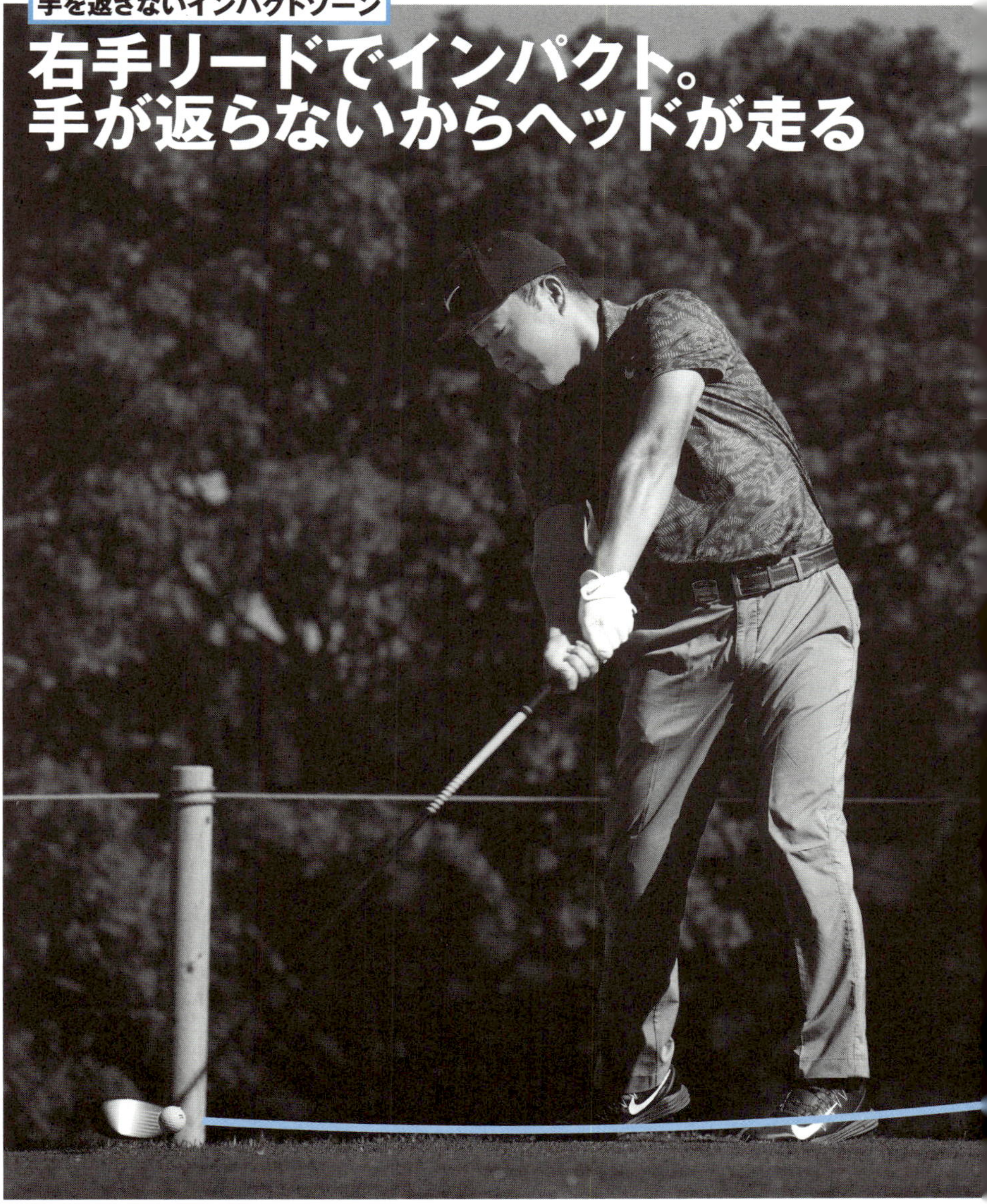

利き手を使ったインパクトは、より強いエネルギーが出せる。
手を返さないスムーズなフォローがさらにヘッドを走らせる。
テンフィンガーのドライバーショットは飛んで曲がらないのだ

手首を返さなくてもヘッドが走る

捨てる常識

手首を返すとボールは飛ぶ

今まで、飛ばしたりスピンをかけるためには、「手を返す」動きが大切なんだと教えられてきました。テークバックでクラブのフェースを開き、ダウン以降でそれを閉じていく際のフェースローテーションには「手首を返す」動きが欠かせない。そしてその動きは、球がつかまり、飛距離にもつながるのではないかと。

でも、「手首を返す」という動きは、そもそも人間にはできない動作なのです。

手首というのは、手のひら側と、手の甲側、その2方向に「折れ曲がる」だけの関節です。今まで言われていた「手を返す」という動きは腕が行っていた。実は、「腕をねじる」動きだったのです。このねじる動きというのは、パワーには直結していません。無理にねじってしまうと、関節が悲鳴を上げてケガをする危険性があるんです。

両手合体型グリップは、自ら不安定な

手を返さない

「道」ができるから ヘッドが走る

手を返さないから、
インパクトゾーンが「点」から「道」になる。
だからスピードが落ちずにヘッドが走る!

状態を作りだしてしまうグリップだというのはすでにお話ししてきました。バックスウィングでクラブがうねったり、腕がねじられたりし、インパクトでそれを戻す動作が必要になる。だからこそ、「手を返す」動作も必要になる。

インパクトの意識はない

時松プロもですが、「桜美式」のジュニアたちはみな、「手を返す」意識はないと言います。それに、「球を上から潰す」という意識もない。そもそも、インパクトの意識がない。球に対して当てにいくような雰囲気がないでしょう。実際、ターフもあまり取れない。特にアイアンは、打ち込まなければいけないと思っている人は多い。しかし、ボールを「点」でとらえようとすると余計な動きが入ったり、軌道や打点がバラつきます。

これまでは、スウィングの最下点で球をとらえるのではなく、クラブヘッドがまだ下降を続けているその途中で球をとらえたほうが、球にスピンを効かせられるし、それにダフリやトップといったミスも軽減できるという「ダウンブロー」神話がありました。その昔は私も、「球を上から潰すように」打っていました。グリップエンドをボールにぶつけるようにクラブを下ろしてくるのがコツなんだ、とかね。

しかし、ヘッドがどの地点にあるときに球をとらえればいいかという、いわゆる「インパクト」は、スタンスの取り方や球の位置といった、スウィングをする以前のアドレスの段階で決まるもの。すでにスウィングが始まっている段階においては、どの地点で球をとらえればいいか考える必要などないんです。インパクトを考えた時点で力みが入ります。

手を返さないからこそ、ヘッドが走り、右手のひらのパワーが直接ボールに伝わる。言い換えると「点」ではなく「道」でボールをとらえると、フェースの向きが変わらずインパクトゾーンが長いので、厚いインパクトになり、球が曲がらずミート率が安定して良くなる。また、ボールに合わせにいかないので、スピードも落ちずにヘッドが走るのです。

手を返さないドリル
棒を手首にくくりつけて
棒が返らないように振る

細い棒をフェースと同じ向きに、手首にくくりつけた「空中横棒」ドリル（写真参照）。インパクトゾーンで横棒が返らないように、横棒が走る「道」をイメージすれば、ヘッドの走りがよくなる

テークバックもフォローも“わき”は開いていい

捨てる常識

両わきを締める

アマチュアのみなさんはスウィング中に、「わきを開けてはいけない」と意識していることがうかがえます。バッグスウィングでは右わきを、インパクト以降も左わきをしっかり締めて、両腕と体を一体化させて打っている。わきを開けないことで、手で打ちにいかず、体でクラブを振る。それが基本とされてきたのが、これまでのスウィングでした。

わきを開けないと、何が起こるか。

両腕がロックされ、肩、ひじ、手首の各関節が自由に動かせなくなり、両腕が2本の棒のようになってしまいます。

フェースをコントロールする役目のはずの右手ではなく、右の上腕を内側にねじることでフェースを閉じてしまうというのが実際です。上腕のねじりは、日常では行わない不自然な動きなので、それゆえにとても難しい動きでもあります。

アマチュアがフェースを返せば、タイミ

わきが開く

名手たちはわきを不自然に締めようとしていない

28勝の杉原輝雄やメジャー3勝のジョーダン・スピースなど、わきが開く名プレーヤーは多い。桜美式を実践する時松プロもそのひとり

ングが少し早ければ左に、遅ければ右に出て、方向性はまったく安定しません。

わきを開ければ腰痛が治る

手が正しく使えていないからこそミスが起き、そのミスを防ぐために、わきを開けず、さらに腕を使えないようにして体で打とうとします。しかも、上腕をねじる動きも、わきを開けずに体で打とうとする動きも、実はとても危険でもあるんです。人間の関節は、曲げることはできても、ねじることには向いていないようにできています。上腕を内側にねじれば、腕だけでなく、指にも強い圧力がかかり、ケガにつながってしまう。また、腕を２本の棒のようにして体で打てば、

今度は体をねじらなければならず、腰にかなりの負担がかかってきます。わきなんて、開いてしまっていい。むしろ、**手を自然に動かせば、わきも自然と開いてしまうもの。体にもやさしいのです。**

わきを開けずにいたときには、両腕がロックされ、２本の棒のようになり、上腕をねじることで球をとらえていました。しかも体で打つ意識により、体もねじられ、不自然で、難しく、危険な動きを強いられていた。「桜美式」では、両腕は自在に動き、わきは自然と開く。地面に置かれて動かずにいる球を、遠くの目的地へ真っすぐ飛ばすために必要な角度だけ、脳の指令を受けた腕の各関節が自然と反応して曲がっています。

わきを締めず、右の上腕がねじられないと、両ひじにゆとりができて、楽にスウィングできるはずです。

体で打つという意識なんかなくとも、腕が自然と動けば、体もつられて自然と反応するでしょう。「桜美式」の生徒たちは、みんな腕を積極的に使いながらも、関節の動きがなめらかで、引っかけでOBを打ったなんて、まず聞きません。

インパクト以降で左わきが自然と開いていき、左ひじが自然と引けていくスウィングは、昔なら杉原輝雄さん、今ならジョーダン・スピースを参考にイメージしてほしいですね。もちろん、「桜美式」を代表するプロゴルファーの時松隆光プロも参考にしてください。

わきを開ける

右手を使えば自然とわきは開く

テークバックやフォローで、腕やひじをねじると
わきは締まるが、テンフィンガーで右手を使う人間本来の自然な動きでは、
自然とわきは開く

体をねじらないからスウィングがシンプルになる

捨てる常識

捻転でボールを飛ばす

時松プロのフィニッシュを見てください。彼はフィニッシュで、体をねじっていません。**何もねじらないから、ラフや傾斜、雨や強風などの天候にも強いショットが打てる**んです。これは左右分担型グリップ、**テンフィンガーの特長**です。

左右分担型のテンフィンガーは、雨でどんなに濡れても、滑りにくいし、ゆるみにくい。それに、**利き手である右手で直接グリップを握れるので、天候が悪いときほど右手の感性が生きてくる**。「桜美式」はグリップだけでなく、スウィングも雨風に強いんです。

普通は、腕をねじってテークバックし、それをインパクトでねじり戻す、いわゆるフェースローテーションの繊細な動きを駆使してスウィングしています。フェースの開閉を1000分の1秒単位でインパクトにピシャリと合わせる複雑な離れ業です。

ピタッとクラブの収まりがいい、時松プロのフィニッシュ。
アドレスから、トップ、インパクト……とスウィング中
一切ねじらないから、再現性の高いショットが打てる

「肩は入れる」のではない

一方「桜美式」は、**腕はねじらないから、フェースの開閉はほとんど起きません**。テークバックからシャット気味に上げていき、そのまま下ろしてくるだけというシンプルな構造のスウィング。

そして、テークバックするとき、左肩がどんな動きをするか。従来のように両手合体型グリップで腕をねじりながらクラブを上げようとすると、「肩を入れる」動きになりがちです。

左肩をあごの下へと入れていき、トップを遠くへ高く上げるようなテークバックです。これだと、腕だけでなく、体までダブルでねじり込む動作になりますから、スウィングがさらに複雑で、不自然で、苦しいものになってしまう。

このねじり込みこそが飛距離を生むんだと言う方も多いようですが、あまりにも多くのことを犠牲にしている。スコアメークで大切なのは、10ヤードや20ヤード飛距離を伸ばすことではなく、真っすぐに飛ばす方向性と、クラブのロフトに応じた飛距離をきっちり出せる距離感です。それには、毎ショット同じスウィングをする再現性が最重要になってくる。

「桜美式」では、「肩を水平に入れなさい」とは教えません。しかし、時松プロのようにトーナメントでどうしても飛距離を稼ぎたいという心理が無意識のうちに働いたときに、少しだけ「肩を入れる」

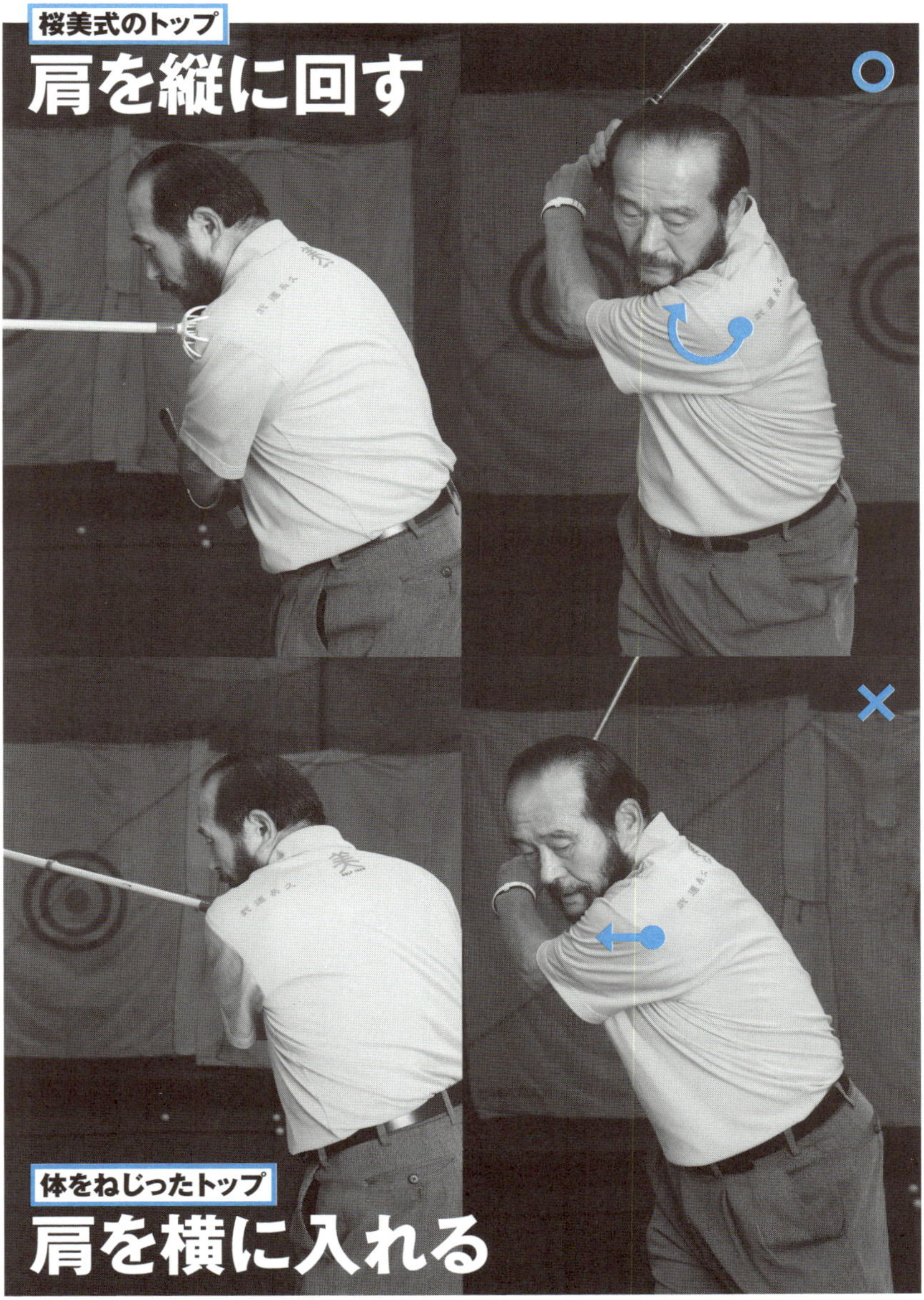

長い棒を左肩に当ててもらい、その棒があごの下へ引っ張られることがないように、肩を縦に回す。体や腕をねじって、肩を横に入れるトップでは、いつも同じところにクラブを上げられない

動きが生じてしまうこともあります。そんなとき、私は、「**肩は横に水平に入れるものではなく、縦に立体的に回すものだよ**」とアドバイスします。

トップがいつも同じところに収まる

テークバックで左肩をあごの下に入れるのではなく、その場で肩の関節を回すだけです。いいドリルがあります。人に正面に立ってもらい、長い棒を左肩に当ててもらいます。その棒があごの下へと引っ張られてしまうことがないように、その場でテークバックする。棒が動かなければ、「肩を入れる」ではなく「肩を回す」動きができています。

その場で「肩を縦に回す」。これだとトップをどの位置に上げるか迷うようなこともなく、毎回同じ位置に自然と上げられてスウィングが安定するはずです。それに、体をねじらないので、窮屈な感じがなくなります。ねじるという動きに人間は弱く、ゴルフで何千何万とねじって、ねじり戻してと繰り返していれば、腰や肩を痛めてしまうのは当然です。

時松プロは練習の虫ですが、過去に一度も大きなケガはありません。「桜美式」は、自然で、簡単で、安全がモットー。続く2章からは、さらに具体的な左右分担型グリップのスウィングへの取り組みを紹介します。ショットが不安定な方や、ケガをされたことがある方は、「10本で握る」グリップを試してみてください。

第2章

右手主導の構え方

テンフィンガーでアドレスする

生命線にグリップを当てて握る

感情線に合わせて握らない

手のひらには、ほとんどの人の場合、太い3本の線（シワ）がありますよね。一番上の横線が「感情線」、そのすぐ下の横線が「頭脳線」、そして斜めに伸びているのが「生命線」。さて、「桜美式」テンフィンガーで活用するのは、それら3つのうち、どの「線」でしょう？

同じテンフィンガーでも、感情線で握ってしまっては、せっかくのテンフィンガーの優位性が薄れてしまいます。**テンフィンガーの優位性は、利き手である右の手のひらをクラブに接地させて、利き手を積極的に使えること**がひとつ。もうひとつが、腕をねじってしまうことなく、再現性が高いスウィングができること。

グリップとの接点が左手ひとつだけの両手合体型のグリップだと、どうしてもテークバックで腕をねじり、インパクトまでにそれをねじり返す、つまりフェースローテーションと呼ばれる動きが必要となる。でも左右分担型のテンフィンガーなら、グリップとの接点が左手と右手

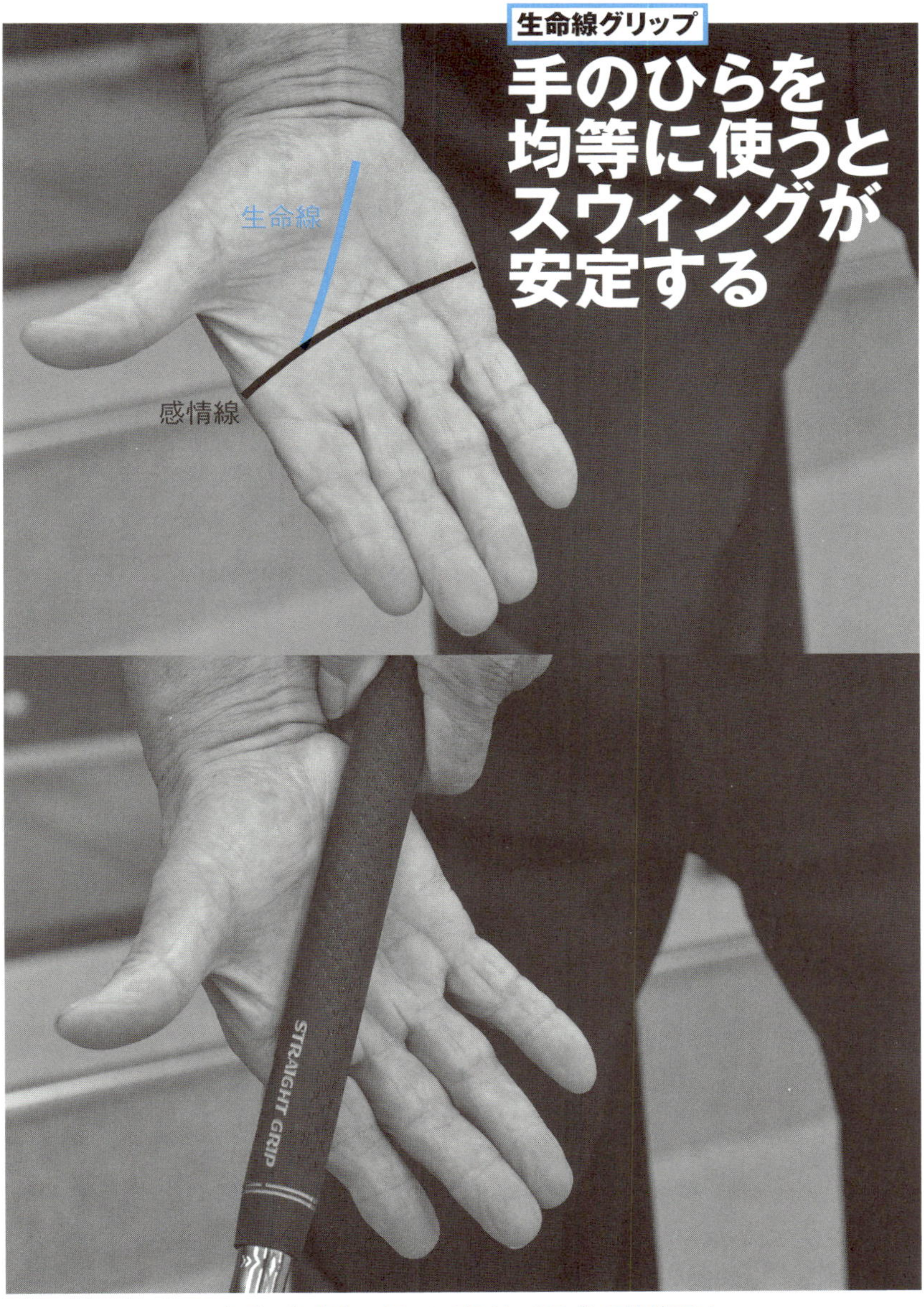
生命線グリップ
手のひらを
均等に使うと
スウィングが
安定する
生命線
感情線
STRAIGHT GRIP

右手の生命線に合わせて握ると、クラブとの接地面が多いから、利き手の優位性を保てる。手のひらの面積の割合も均等で、グリップのバランスもよくなる

ふたつになり、腕のねじりやねじり返しが不必要になります。

フェースローテーションは、多大な練習時間と労力をかけられるプロ向きの「曲芸」。アマチュアは腕をねじらず、フェースを開いたり閉じたりすることなく、フェースが球を見つめたまま、上げて下ろせばそれでいい。

とはいえ右手を感情線で握ってしまっている人は、テンフィンガーグリップにしてもなお、腕をねじってスウィングしてしまっている可能性が高いんです。

テンフィンガーは、左手よりもあらゆる面で有利な、利き手である右の手のひらを、直接クラブに接地させてスウィングするためのグリップです。その右手を積極的に使っていくにあたり、せっかくの右の手のひらを不均等に握ってしまっていると、早くもテークバックで不安定になり、トップの位置がスウィングごとに変わってしまい、想定外に腕のねじりが生じてしまうんです。生命線で握れば、そのねじりも生じにくくなります。

生命線は舵取りしやすい

もうひとつ大きな利点があるんです。それは、**方向性がグンとよくなる**こと。

たとえば、車の運転という、方向性がとても大切な動作を思いだしてください。ハンドルを握る際、親指以外の4本から回し込み、感情線で握るなんてことは、誰もしていないはずです。自然と生命線にハンドルを合わせているんです。

生命線とは文字どおり、生命を左右する方向を司る、大切な役割を担っています。車のハンドル操作のように、知らず知らずのうちにクラブ操作も、生命線で握ることで、舵取りができているんです。

それに、生命線という名前からして、生徒たちには、とても大切な「線」であるとイメージしてもらいやすい。

感情線というと、感情に左右されて、すぐに反応する、プレッシャーに弱いイメージ。まさにゴルフでもそうなのです。物事に動じない生命線を使うのがゴルフには向いていると思います。

まさに感情に左右されず、方向を左右する「生命線グリップ」なのです。

感情線に合わせて握ると、腕やひじのねじれが生じやすくなってしまう。生命線に合わせればねじれることなく、インパクトが安定する

親指は入れないシャフトだけ握る

左手親指はグリップの邪魔

初心者のころからオーバーラッピングで握らされてきた人は、もはや何のためらいもなく、左手の2本の指を右手で握ってしまっています。でも、いくら自分自身の指といえども、右手のなかに左手の2本の指という、いわば「異物」を挟んでグリップすることは、私にはとんでもなく愚かなことに思えるんです。

シャフトと2本の指をまとめて握っているわけですから、右手の中身を輪切りにしてその断面を見てみると、「円」ではなく、「楕円」のようないびつな形をしている。1本の円柱を振ることは、決して難しいことではない。猿が1本の枝を握って木登りをするように、自然な動きで何も迷うことなくスウィングできる。しかし楕円のようないびつな形状のものを振ることは、本能的には備わっていない不自然な動きになるから、途端に迷いが生じてしまう。

断面が「円」のシャフト1本だけを握っているなら、グリップの中心は、もち

テンフィンガー
左手の
親指を
右手で
握らない

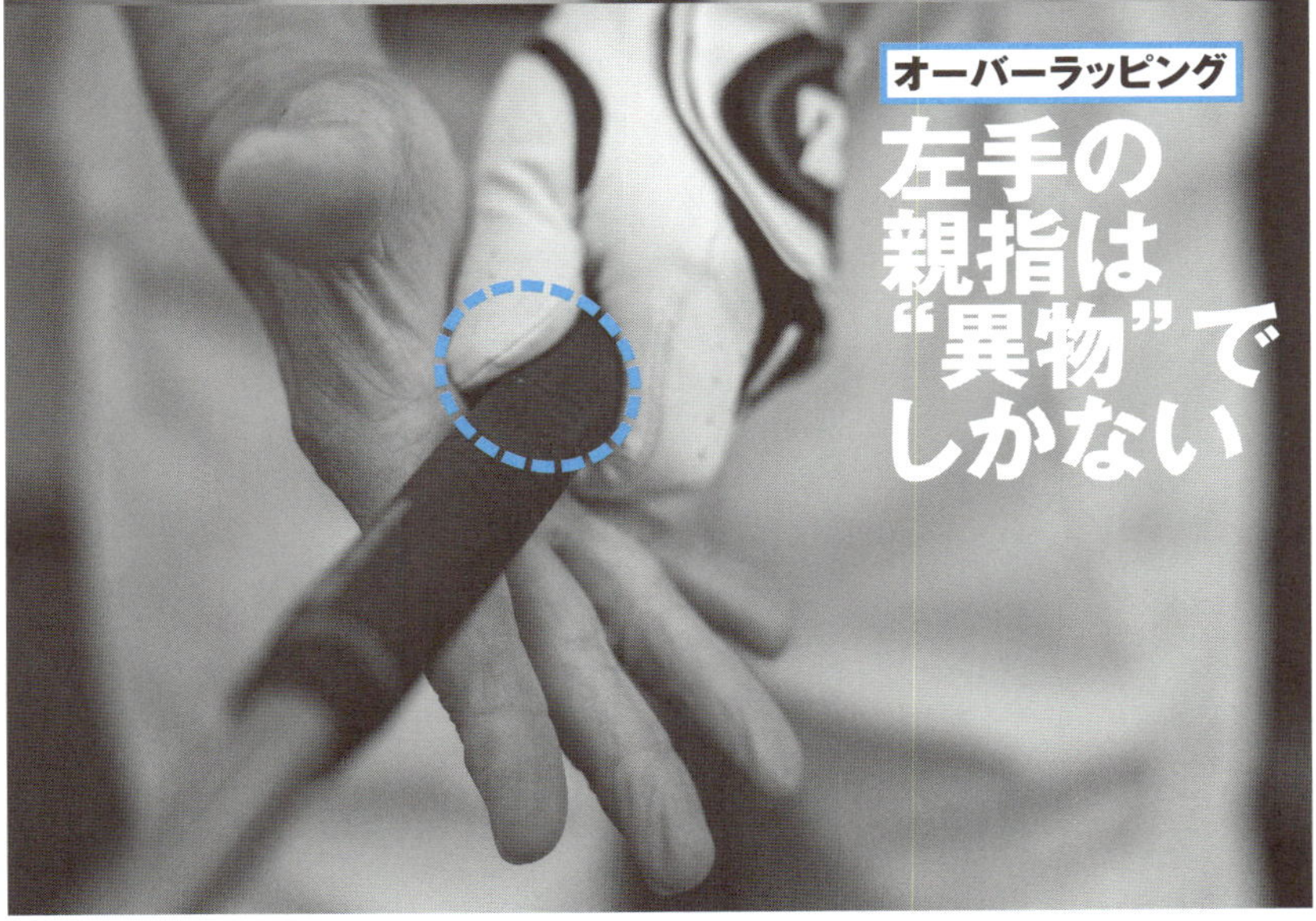
オーバーラッピング
左手の
親指は
“異物”で
しかない

テンフィンガーであれば、左手の親指を外し
右手はシャフトのみを握る。「円形」のものを
握り振るのは、安定感があり難しく感じない

ろんシャフトです。でもそこに左手の指が入り込んできてしまうことによって、グリップの中心がシャフトではなく、左手の親指側へとズレてしまうんです。

親指を入れるとねじれが生じる

オーバーラッピングだと、グリップの中心が左手の親指側へとズレてしまう。ズレたところを中心にスウィングすると、テークバックで左手の甲が上を向くような動きになり、腕がねじられてしまうことになる。**ねじる動作は再現性が悪く、インパクトでねじり戻すタイミングが少しでも合わなければ、打球の方向性は定まらない。**球が曲がると困っているアマチュアの多くが、球が曲がるようないびつな形のグリップをしていると、気づいてすらいません。

腕をねじり、それをねじり戻すことで、パワーが生まれて飛距離が稼げるのでは、と誤ったイメージを持っている方も多い。直線的な動きと、ねじる動き、どちらが飛距離につながるか。野球のピッチャーが投げる球でたとえればすぐに理解してもらえるはず。直球は、指を真っすぐに振り下ろし、変化球のカーブは指にひねりを加えます。球速が速いのは、直球ですね。

腕のねじりや、体のねじりこそが飛距離に直結するというのは誤解です。それよりも、自然で簡単で、考えすぎたり、迷ったりすることのない、再現性が高い

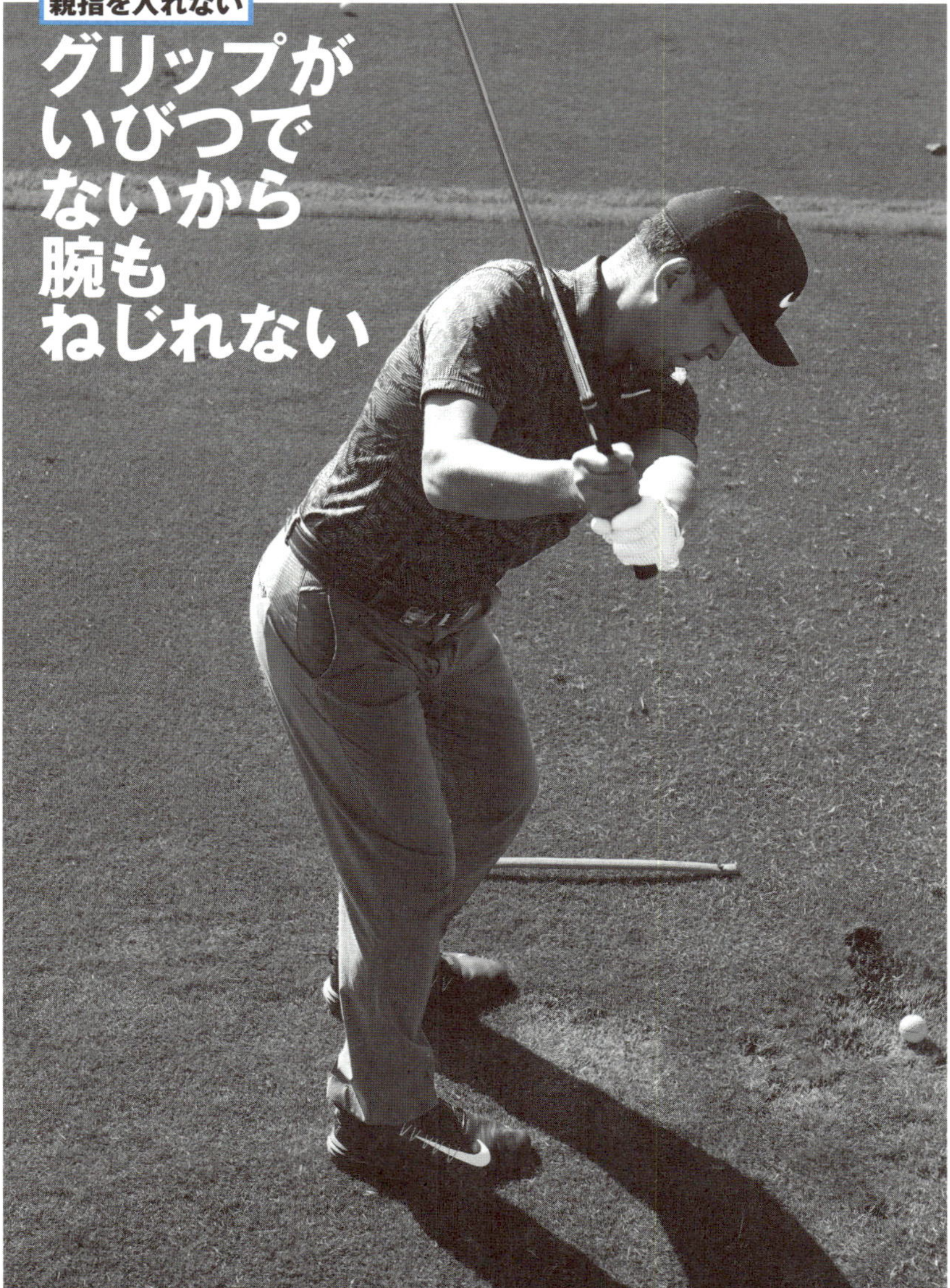
親指を入れない
グリップが
いびつで
ないから
腕も
ねじれない

テークバックで腕をねじって、ダウンでも
ねじり戻すという、難しいスウィングを
しなくても、ボールは飛ばせる

グリップのほうが、得ですし、ミート率もアップするんです。

テンフィンガーの場合、右手のなかにあるのはクラブシャフトだけです。左手の親指や人差し指など異物が入り込まないから、利き手である右手の感性を十全に生かして、考え込まずとも、自然に、簡単に、スウィングできるようになる。人間にとって**手のひらというのは、とても重要な感覚機能**。オーバーラッピングはそれを殺してしまい、**テンフィンガーはそれを生かす**んです。

トップの位置が安定する

あらためて、直接シャフトだけを握れると、グリップの中心がシャフトになる。断面が「楕円」のようないびつな形ではなく、「円」になっているので、それを振ることになんら迷いは生じない。腕をねじることもなく、トップの位置がいつも安定し、再現性も高いので、球は曲がりにくくなる。

でもこうして、グリップの中身からも考察してみると、今までいかに不自然で難しいことをさせられてきたかに気づいてもらえるでしょう。

これまでは指の配置や指の関節の角度といったことばかりが重要視されてきました。しかし、**ものを操るときに大切なのは**、外側＝手の甲側の形状よりも、内側＝**手のひら側で何を触れているかなんです**。

シャフトを握る

スウィングに悩まない

桜美式でテンフィンガーを実践するジュニアたち。
左手親指を入れないグリップなので
スウィングに悩むことがまったくない

どっちが簡単？

3

半身の構え

かけっこの「よーいどん」、ボーリングやカーリング、ビリヤードなど、人間は目標に狙いを定めるとき、必ず「半身の構え」になる。また、目というのは、左右2つあり、その2つの目で、1つの目標を狙う。2つの目で方向性や距離感を合わせるのだ。すると、ショットでは自然にオープンスタンスになる。パッティングやアプローチでは、さらにカップに狙いを定めていくので、「半身の構え」が顕著になる。

スクェアスタンス

飛球線方向に平行に構えているはずなのに、そのスタンスが左にズレている人は多い。それは、目には利き目というものがあるから。人間にとって目標に対してスクェアに立つというのは、実は、とても不自然で難しいことだ。また、両足をそろえるスクェアスタンスは、押されれば倒れてしまうほどバランスが悪く、いかにも弱々しい。両手合体型グリップで生じる、ねじれがあるスウィングに、耐えられるはずがない。

右手が生きる握り方をマスターしよう

細かな作業と力作業が得意な利き手

グリップは両方一緒にではなく、右側（右利き）だけを優位に生かすからこそ、細かな作業から力作業まで、なんでも上手にこなすことができます。

強すぎる右手を制限し、左手を重視すれば、結局は右と左、両手をそろえて左右同じ動作をしようとしているということ。両手合体型グリップは、まさに人間が苦手な両手打ちをするためのグリップだったんです。

細かい作業も、力作業も苦手で、同じことを同じように繰り返す再現性が低いのが、左手です。なのに、それらを必要とするゴルフにおいて、これまでは左手が主役になってきました。ここでひとつ、ゴルフの常識について考えてみましょう。みなさんクラブを振るとき、左手にグローブを着けています。これは左手主導を意識させるためでもあります。

私は、**右手のみにグローブを着けるべきだ**と思っています。グローブを着けない人や、両手に着けるというゴルファー

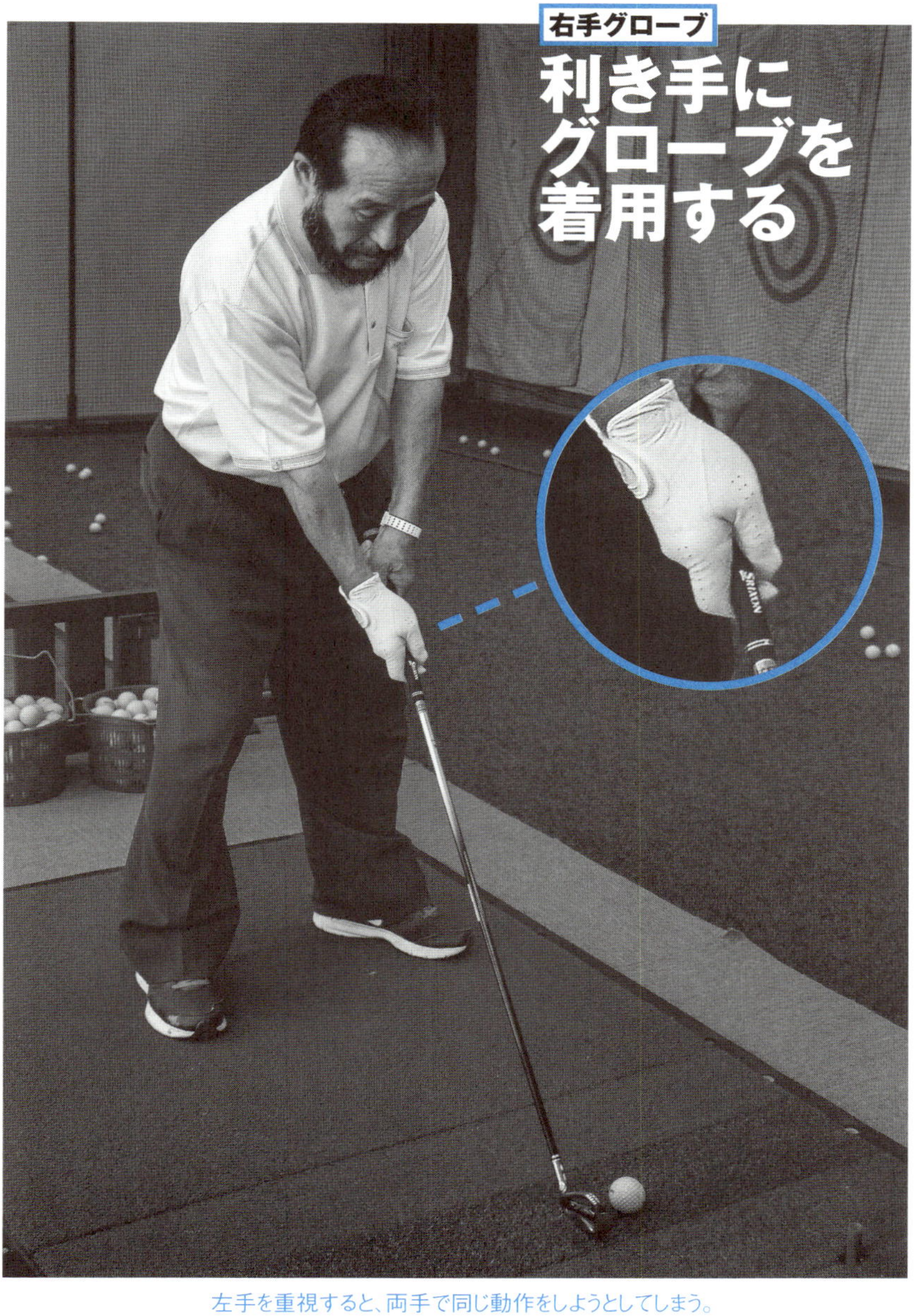

左手を重視すると、両手で同じ動作をしようとしてしまう。
グローブも右手に着けて練習すれば
利き手が生きる握り方をマスターできる

は目にしますが、右手のみに着ける、というのは珍しいとは思います。

ほとんど何もすることがない左手を、滑らないようにとか、傷つかないようにとか、そんな気配りをしてどうするんですか。気配りするべきは、「右手」です。

もちろんクラブ自体に重量があるから**左手は添えているだけで十分**。添えているだけの左手を意識することなんてまるでありません。

右手は8、左手は2の意識

「桜美式」での右手と左手の意識の配分を対比しましょう。ほんとうは、そんなふうに数字で決めたくないのですが、意識で言うと右意識、左意識がそれぞれ8：2くらいでしょうか。

両手をそろえて左右同じ動作をすることが苦手という人間の鉄則がある。だからどうしても自然と右手が利きすぎてしまう。それを矯正しようと左手を重視してきたのがこれまでの発想。しかしそれだと元の木阿弥で、やはり苦手であるはずの、両手で左右同じ動作をすることに戻ってしまう。ならば「桜美式」では、左手の意識は思い切って2にしてしまい、細かな作業、力作業、再現性、すべてにおいて優位性がある右手の手のひらだけを意識してしまえばどうかと、発想を逆転させてみたわけです。つまり、右手が8、左手が2。

グローブだけではない。もうひとつ、用

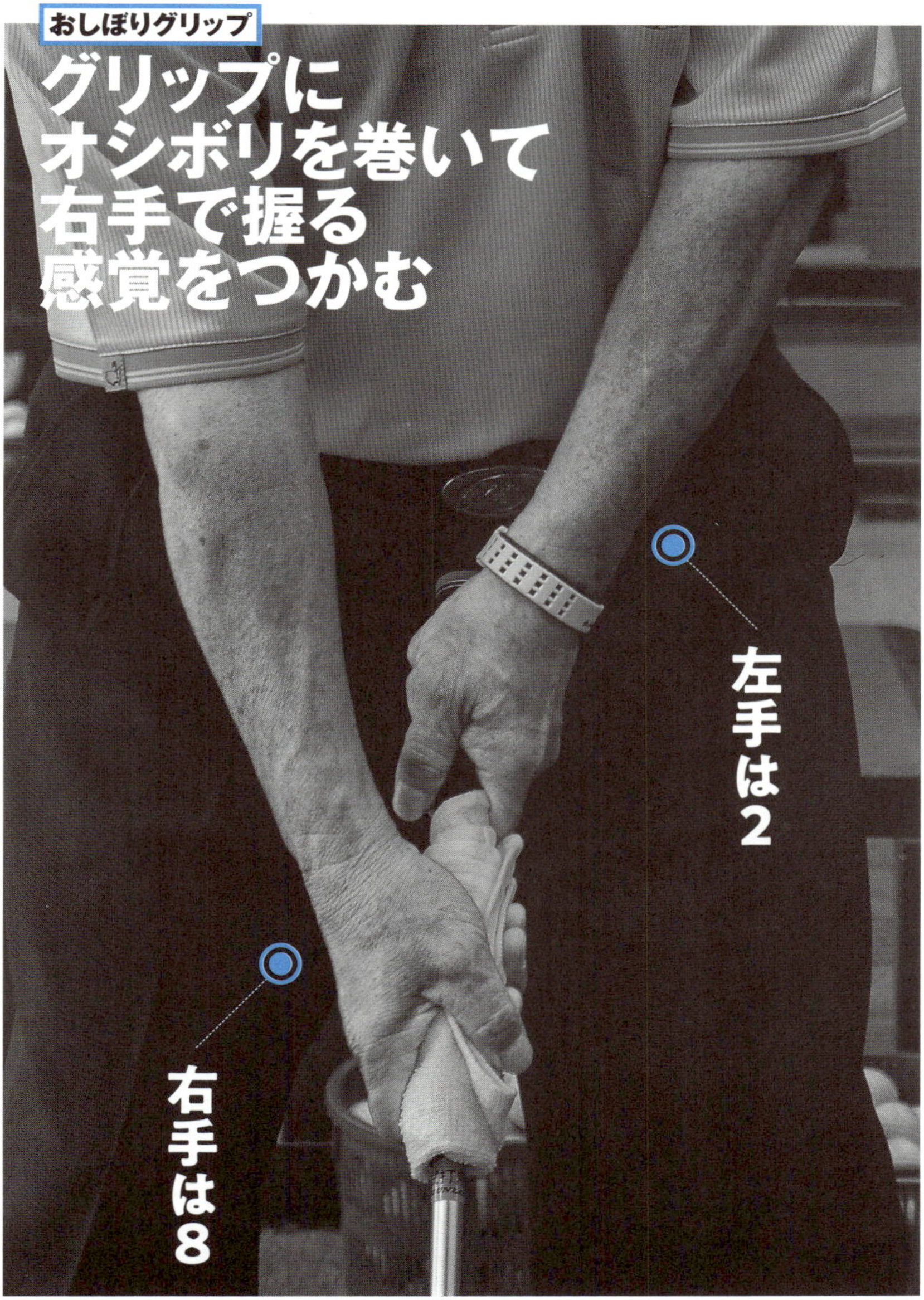
おしぼりグリップ
グリップにオシボリを巻いて右手で握る感覚をつかむ
左手は2
右手は8

右手で握る部分に、少し濡れたオシボリを巻き付け、
テンフィンガーで握ってスウィング。自然に
右手を意識できて、味わったことのない快感を実感できる

具の常識を覆しましょう。**クラブのグリップは、グリップエンド側が太く**、ヘッドに近づくほうが細くなっていますよね。これも、右手を制限、左手を重視するための、両手合体型用のグリップなんです。

右手を握る部分のほうが細くて力が入りにくく、左手を握る部分のほうが太くて力が入りやすい構造になっています。

私はメーカーに依頼して、端から端まで太さが変わらない、ストレートグリップを制作してもらい、今はそれを生徒に推奨しています。なぜなら、右手だけを意識させたいのに、その右手にとって不利な状況を、道具で作ってしまいたくないからです。そのストレートグリップがない読者のみなさんは、次の方法で右手の感覚を呼び覚ましてみてください。従来のグリップの、**右手が当たる部分に、少し濡れたオシボリを巻き付ける。そして、左右分担型テンフィンガーで握ってスウィングする**。左手を重視していたこれまでにない、自然で簡単な感覚、味わったことのない快感を実感されると思います。ぜひやってみてください。

どこかに力を入れなくとも、キュッと右手が締まる感じで、クラブをコントロールできると思います。

右手リードなら6歳もスコア90台

生徒に右手グローブやストレートグリップを推奨したところ、驚くべき結果が出たんです。ジュニア用のゴルフクラブさえ重たく感じる、就学前の6歳の子が、お兄ちゃんがやっているから僕もゴルフがしたいと言い始めた。従来の両手合体型を教えるなら、こんな幼い子はクラブを振れませんから、おもちゃで遊ばせたり、もう少し大きくなってから本格的にやらせようとしたりしますよね。

ところがテンフィンガーで、右手のひらと利き手リードを意識させて、いきなり本格的に球を打たせてみました。その結果、なんと6歳にして90台で回れるようになってしまったんです。右手だけを意識して、6歳が90台！　それはビックリしました。

右手だけを意識させると、いつまでも楽しそうに球を打っていられるんです。

右手重視グリップ

用具も「右手意識」のストレートグリップに

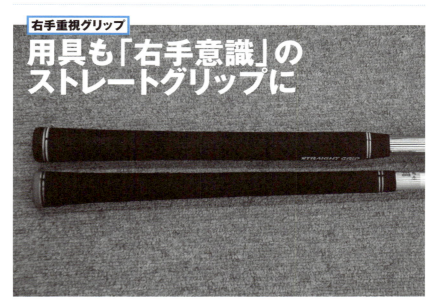

グリップは、右手で握る部分が細くて、力が入りにくいものが普通だが、太さが変わらないストレートグリップがおススメ

グリップありきでセットアップする

ボールを基準にして構えない

いよいよ、ショットをするときの、アドレスのセットアップの仕方を考えてみましょう。従来の常識だと、みなさんまずボールの位置を気にしますよね。たとえばドライバーなら左足かかと線上、アイアンなら真ん中の番手が両足のセンター、ウェッジなら右足寄りにと。まず「球ありき」で、そこを基準に自分の体の各部を合わせていくセットアップ法です。しかし「桜美式」では、あくまでもスウィングにおける主役は、球ではなく自身のグリップです。

なぜなら、たとえばアイアンで、絶対両足の真ん中に球を置くと決めているとします。するとすべてを「センターに合わせる」という意識が生じてしまう。両手のひらをセンターで合わせ、両腕を一体にして動かし、再びセンターにインパクトを戻してこようとする。どうしてもねじれで帳尻を合わせようとする。そうした諸悪の根源が、従来のボールを基準にした、セットアップだということです。

セットアップ

ハンド ファースト、ハンドアップ、オープン スタンス。自然に なるのが 正解

時松プロのセットアップ時も、
一度グッとハンドアップするしぐさがある。
手元意識のあらわれだ

無理に「そこに合わせようとする」と、アドレス時から、ねじれた構えになることも多いんです。どうしてもボール位置の基準がほしい方には、ドライバーなら左足かかと線上、中間番手のアイアンで真ん中あたりと言っておきますが、神経質にはならないでくださいね。

左右分担型テンフィンガーで右手からグリップし構えると、自然にハンドファーストでハンドアップの構えになる。ハンドアップは、手元を意識しやすい自然な構え。ハンドダウンだと、意識がヘッドにいくんです。

また、従来のハンドファーストは、球を基準にセンターに合わせて構えながら、カタチだけ無理にグリップを左にズラしているだけ。それはダウンスウィングで手首の角度がほどけてハンドレートなインパクトになってしまうのを防ぐための応急処置にすぎない。イメージを基準にして、結果として得られるハンドファーストが自然です。従来のハンドファーストのように打ち込む意識などなくとも、横から切るように球をとらえられる。インパクトでロフトが立って飛距離が稼げるし、それでいて入射角はゆるやかで方向性にも優れているのです。

また、スタンスに関しては自然にオープンになります。細かく言うと、足のつま先の向きは左が45度くらい、右はほぼ真っすぐです。これで、ねじらず、わきが自然に開くスウィングができます。

第3章

ゴルフは打つんじゃない

刀で切るようにクラブを振る

球は「打つ」ものではなく「切る」ものだ

打ちにいくと力みが出る

日本伝統の刀とゴルフクラブには細長いものを両手で握って操るという共通点があります。まず、握り方は利き手である右手の機能も感性も存分に生かした左右分担型テンフィンガー。両ひじは伸ばし切らずに曲げてゆとりを持たせる。肝心なのは、腕や体をねじることなく、刀でいうところの刃、クラブでいうところのフェースをローテーションさせない。

球は「打つ」のではなく「切る」ものだという意識になれば、**フェースローテーションなどという難しいことを考える必要などなくなります**。

ゴルフは目の前の地面に球が置かれているので、誰もが「打とう」と思って当然ですよね。しかし、「打とう」と思ったその瞬間から、人の脳は小手先に指令を送り、ぎゅっと力が入ってしまうもの。**「打とう」と思うだけでも**、実際には欲が出て、「飛ばそう」と同様の反応になり、**小手先は力んでしまう**し、体や腕をねじり始める。つまり、「打とう」と思うこと、

時松プロも刀打ち

ボールを切ろうとすると欲がなくなる

ボールを打とうとすると欲が出て、力みが生じる。
ボールを切ろうとすると欲がなくなる。
だから時松プロのようにミスを減らすことができる

その意識自体が、ミスを生む根源になってしまっているのです。

　そこで「打つ」ではなく、クラブを木刀に持ちかえて、「切る」つもりで振ればいいんです。

右の手のひらが上を向く握り方

　生徒たちに木刀で素振りをしてもらい、刃で球を「切る」つもりで振ってごらんと言うと、まず驚いたのが、いきなりグリップが変わったことでした。

　10本の指で握るのは同じなのですが、握り方が変わったんです。子どもたちにはテンフィンガーの握り方自体はとやかく言ってはいないのですが、オーソドックスなテンフィンガーだと、右手のひらが目標方向を向いた状態で握りますよね。ところが、**刃で球を「切る」つもりで振ろうとすると、右手のひらを、やや上に向けた状態で握る生徒があらわれた**んです。

　利き手ではない左手は、クラブを握るというよりも、その役目は刀を引くことに重点を置くイメージです。肝心なのは、利き手である右手です。時松プロの握り方も同じです。右手のひらを目標に向けず、やや上へ向けて握っています。これはどういうことかと言えば、最初から刀の刃を球に向けて握っているということなんです。

　木刀を握って説明しましょう。従来のテンフィンガーや、オーバーラッピング

刀をイメージ

切るように振ることはテンフィンガーしかできない

ボールを「切る」ほうがよどみなく振れ、力がいらない。
フェースローテーションなど考えないから
再現性が高い。テンフィンガーでしかできない技術だやインターロッキングは、刀の刃を地面に向けて握るグリップです。これで振ると、刀の側面が球に当たってしまうので、球を「打つ」ことはできても、「切る」イメージはわきません。ところが、「桜美式」の生徒たちは、最初から刀の刃を球に向けて握っている。だから球を「打つ」のではなく、「切る」というイメージがわいてくるんです。

右手の握り方が、「切る」ようにスウィングするためのポイントなんです。

体もボールもねじれない

最初から刀の刃を球に向けて握り、「切る」ようにして振っている時松プロは、自然なフェードボールで、左右へ大きく曲げてしまうミスがとても少ない。悪天候やラフに強いのもこのためです。力まないし、ねじらないし、そしてインパクトでフェースがスクェアになるタイミングなどに頼らずにすむからです。

「切る」ようにスウィングすると、フェース面（刃）でずっと球を見ていられるんです。ボールを「切る」とねじれが生じません。それゆえにゴルファーに多いねじれによって起こる故障もなく、シンプルでやさしく振ることができるのです。

「桜美式」の生徒たちの上達がとても速いのは、木刀を握って**「切る」イメージさえあれば、球が自然と真っすぐ遠くへと飛んでくれる**ということを知っているからです。

刀スウィング
刃先でボールを
見るように
構えて
インパクト
する

切るようにスウィングすると
フェース面でずっと球を見ていられるので
インパクトも正確になる

グリップは左手からではなく右手から握ること

「桜美式」テンフィンガースウィングは、刀をイメージして振る「刀打法」とも言えますが、左手からはクラブを握りませ ん。人間が道具を扱うとき、わざわざ利き手ではないほうから握ってカタチを決めていくなんていうことはしません。

利き手である右手から握ります。さらに重要なのは、右の手のひらの向き。従来の常識だと、スクェアグリップにしろ、ストロンググリップにしろ、右手を垂直に立てるようにして、手のひらをターゲット方向に向けていました。これを「刀打法」では、右手のひらを上に向けて握ります。

クラブを日本刀にたとえるなら、フェースは刃と同じ。切れる側の刃が「横」に向いていると考えればわかりやすいかもしれません。「テンフィンガー手刀グリップ」と言ってもいいでしょう。

張り手でパチンと「叩く」のではなく、空手チョップで手の側面でスッと「切る」。**手の側面で切ることとの優位性は、力まないのに力が強い、方向性が保てる、再現性が高い**など多々あります。

手刀グリップ

右手のひらを上に向けて握る

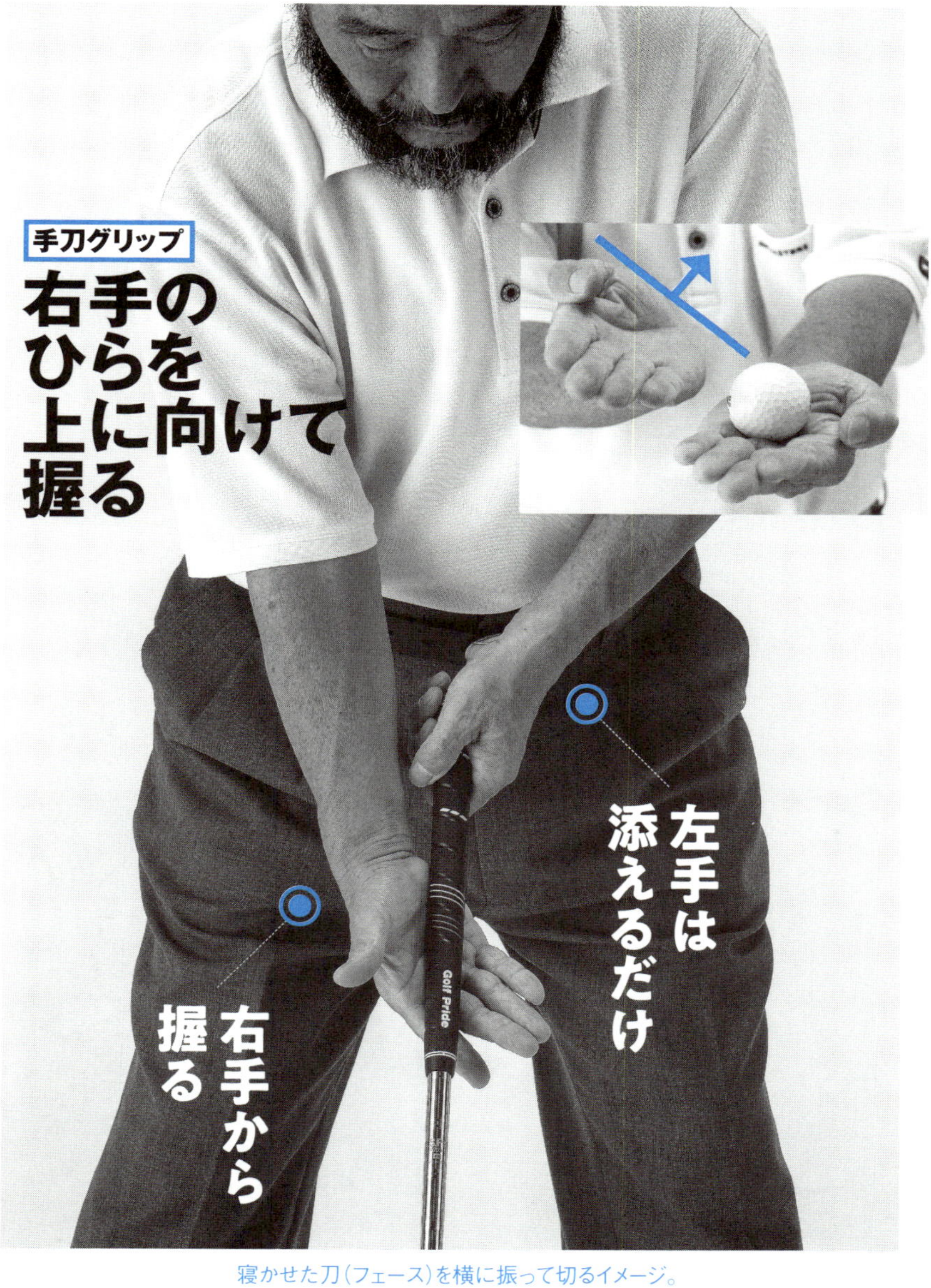

寝かせた刀(フェース)を横に振って切るイメージ。
右手のひらは横を向くのではなく、
上を向いたまま動く

どっちが簡単？

4

コンパクトトップ

ゴルフを難しくする大きな要因に「テークバックの上げ方」「トップの位置」がある。しかし、「桜美式」テンフィンガーでスウィングすれば、トップは必然的に「上がったところまで」になる。テークバックも「テークアップ」という言い方がしっくりくるほど、右ひじを引いてスッと上げる感じでいい。フィニッシュの位置も「上がったところまで」でいい。無理に大きく取ろうとすると、ねじれが生じてミスにつながるのだ。

オーバースウィング

女子プロやジュニアには、オーバースウィング気味の大きなトップでクラブを振る人も多い。これは優れた柔軟性があるからできること。一般のアマチュアに求めてしまうと、大きな負担が体にかかるし、たくさん球を打てばケガにつながることも。体重移動、トップやフィニッシュが大きなスウィングは、アマチュアには不要。より効率的にスウィングを改善したいなら、とにかく複雑な動きやムダな動きをしないこと。

右手のひらが上を向くと足の裏が使える

足の裏のパワーを使おう

さて、「テンフィンガー手刀グリップ」にすると、さらに良いことがあるんです。それは、手のひらが上を向いているので、足の裏の力を使いやすくなるということなんです。

手でプレーするゴルフにおいて、足の裏がそんなに大切な部分だとは、みなさん思っていないかもしれません。しかし、クラブと体との唯一の接点であるグリップはもちろん重要ですが、足の裏はといえば、地面と体との唯一の接点です。ここが活用できているかどうかで、大きく差が出るんです。地面の力を最大限使って、飛ばしのパワーにすることも可能ですからね。

それなのに、足の裏はシューズを履いて、スパイクまでつけて、どんな硬さのところを歩いているのかさえよくわかりません。さらに、両手を合体させたオーバーラッピングやインターロッキングで、利き手である右手のひらがクラブを握らずに左手の親指と人差し指を握らされて

地面の力も使う

足の裏と手のひらを連動させると、体全体のバランスが無意識に良くなる

両手合体型グリップで、
右手をひねった動作をすると、自然と右足の内側が浮いてしまい、
足までひねられた状態になる

いれば、足の裏からも手のひらからもほとんど情報が得られず、バランスも悪く、文字どおり「手も足も出ない」という状態です。

互いの感覚を鋭くさせよう

足の裏と言えば、よく、「親指の母趾球で踏ん張れ」とか「体重移動を足の裏で感じろ」とは言いますが、スウィングしている最中に、体のほんの一部のことを意識できるでしょうか？　右足の親指のつけ根の部分に意識を集中させたり、スウィング中、足の裏の重心の動きだけを追ってしまったら、ほかの部分で感じるべき大切な情報が消えてしまいます。

足の裏は手のひらと連動させるのが大事です。

手のひらと足の裏はともに、人間に与えられた、すばらしい感覚器官です。まず、足の裏で接地面から伝わる情報を感じ取ります。球を打つ際には、平らなところなどなかなかないわけですから、そこで得た情報をもとに、今度は手のひらで、クラブから伝わる情報を感じ取って球を打ちます。そして、足の裏と手のひらを連動させると、互いの感覚を鋭くさせ、体全体のバランスが無意識に良くなります。

たとえば、両手合体型のグリップで、テークバックで右手をひねりながらフェースを開いて上げてみてください。トップまでいったとき、右手の手首は甲側に

地面の力も使う

腕の軌道は斜め45度。ムダのない動きになる

テークバックの腕の軌道は、
斜め45度をイメージすると再現性が高いスウィングになる。
手のひらを上に向けると意識しやすい

折れ、手のひらがめくれた感じになる。不思議なことに、右足の裏もやはり内側が浮いてしまい、足までひねられた状態になってしまうんです。つまりは、手を無理にひねることによって、自らスウェイが起きやすい足の裏にしてしまっているということなんです。フォローでも同じようなことが起こるんですよ。

左右分担型グリップであれば、手のひらをずっと同じように感じ続けられます。だから、足の裏も安定したままでいられます。まして、手刀グリップは、手のひらを上向きにしたままなので、より感じやすいのです。

時松プロをはじめ、「桜美式」のジュニアたちのスウィングが静かだと言われるのは、足の裏をしっかり使って地面に立っているのも一因です。安定感があるから、揺れがない。また、足の裏を使って打てるから、力みも少ないのです。

腕の軌道が一定になる

また、手刀グリップは、これもゴルファーを悩ませるテークバックでの「腕の軌道」を一定にさせます。45度というのが、90度の半分なので、人間に一番イメージしやすい角度であり、物理的に一番ムダのない動きができる角度なのですが、手刀グリップのまま斜め45度をイメージしてスッとテークバックすると、毎回同じように、クラブを上げられるのです。だから、クラブもムダのない動きになる。

再現性が高く、テークバックの軌道で毎回悩むこともないのです。

このイメージをつかむドリルがあります。

家にあるテレビなどのリモコンを使ったもの。リモコンは、ボタンのほうを上に向けないと使えませんよね。ですから、そのように右手のひらに乗せて、そのまま、45度に上げるイメージをしながらテークバックしてみるのです。すると、ものすごく簡単に同じように上げられることがわかるはず。これで、同時に足の裏との連動性も感じられるはずです。

逆に、リモコンを横に持ってみましょう。上手く45度に上げられず、足の裏もめくれる感じになりませんか？

リモコンドリル
クラブを上げる軌道と
足の裏を使う感覚がわかる

テレビなどのリモコンを右手で上向きに持って振るだけ。
横向きに持ったときと、
感覚がまったく違うことがわかるはず

腕をねじらないフォローをマスターする

「インパクトから」をイメージ

人間はインパクトを意識してしまった瞬間から、目の前の球のことばかり考えてしまい、そこに当てにいこうとして体が突っ込んでしまうもの。ダウンブローというのは、テークバックで両腕をねじり上げておき、それをダウンでねじり戻し、インパクトで右手をかぶせるようにしてヘッドで球を上から潰しにいく動きですよね。2000分の1秒のインパクトを、そんな複雑な動作でジャストに合わせる技術はプロでさえ難しい。だから生徒たちには、**「インパクトまで」の動きよりも、「インパクトから」の動きを、明確にイメージ**させています。

「桜美式」の道場にはボクシングのグローブがあるんです。それで殴り合いをするわけではなく、私がそれをはめて、**「ゴルフのスウィングはアッパーブローの動きと一緒**でいいんだよ」と、その姿を見せてイメージを授けています。

私は学生時代にボクシングをやっていました。ボクシングのアッパーブローの

フォロードリル1

アッパーのイメージで振る

インパクトからの動きを、ボクシングの
「アッパーブロー」のイメージにすれば、クラブ
の軌道がブレないインパクトゾーンを作れる

動きが、「桜美式」スウィングの右腕の動きに類似していることに気づきました。

まずアッパーブローというのは、あらかじめ腕をねじっておくようなことはしない。それをねじり戻してインパクトに合わせにいくようなこともしない。腕にねじる動きは一切なく、ただ下から上へ、振り上げるだけというシンプルな動作です。逆に、ストレート（パンチ）は、肩や腰の回転を使って行うので、左右分担型グリップのフォローとしては、よくない動きになります。

ゴルフのスタンスで、下手投げ

アッパーブローの動きというと、どうしてもダフリやトップのミスをしてしまいそうな印象も拭えません。

それは、「インパクトまで」の動きでアッパーブローをしてしまうから起きるミス。アッパーブローの動きは、あくまでも「インパクトから」のイメージです。**「インパクトまで」のことはなにも意識しなくとも、ヘッドの重さで自然と下りてくればそれで十分**。そこで不自然に人間がなにかをしようとするからまた矛盾が生じるんです。とくにアイアンショットで大切なのは、「インパクトから」球をターゲットへ正確に運ぶこと、この一点に尽きるんです。

それをイメージするために、ゴルフクラブの代わりに、野球のボールを、手のひらを上にして右手で持ちます。打席に立ち、足はゴルフのスタンス。そして右手に持った野球のボールを、ターゲットめがけて、ポーンと下手投げで投げてみてください。

「桜美式」へくるまで、テークバックで腕をねじり、それをねじり戻すダウンブローで打ってきた人には、そのままの右手の動きで、野球のボールを投げてもらうんです。ターゲットめがけて投げることが容易ではないことにすぐに気づいてくれます。初心者やジュニアに、この「ゴルフスタンスで下手投げ」のドリルをしばらくやってもらってから、クラブに持ち替えてゴルフボールを実際に打ってもらいます。すると、いきなりフェースの芯で気持ちよく球を飛ばし始めます。

フォロードリル2

下手投げで「ねじらない」感覚をつかむ

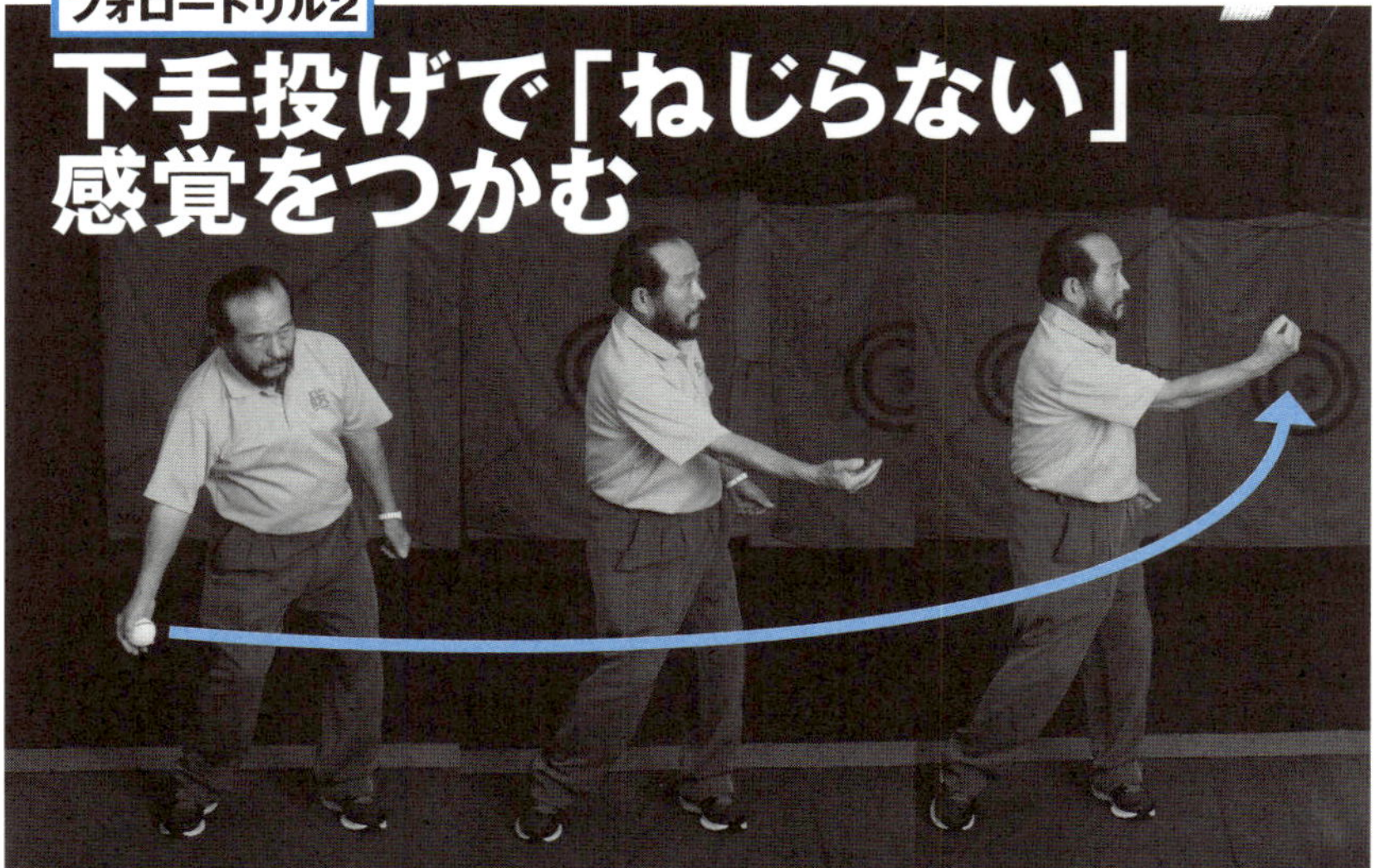

手のひらを上にしてボールを右手で持ち、
足はゴルフのスタンス。目標に向けてポーンと
下手投げで投げる。練習場の打席で行うのも効果的

利き手リードが上達する練習法

極端に短く持って片手打ち

あらためて、利き手リードを身につけるための練習法をお話しします。まず、右手1本でクラブを振る。できればドライバーのシャフトを短く切ったものを用意できれば最適なのですが、なければ**ミドルアイアンを極端に短く握って代用**しましょう。これを、右手1本で振ってみて、慣れてきたら実際に球を打ちます。

シャフトが短いと、右手1本で握ってもクラブが軽く感じられるはずです。それに、**片手で球を打っても利き手1本なら結構当たる**ものなんです。

このドリルでは短いクラブを片手で振る感覚を忘れないでほしいんです。これこそ、右手リードのスウィングの入口です。もし、ゴルフのルールでこんなに短いクラブしか認められていなければ、誰もが「片手スウィング」をするはずだと思えるほどです。

この短く握る「片手スウィング」で、右手1本でも球をとらえられることに気づいてもらえたら、次の段階です。

利き手ドリル1
短く握って右手打ち

利き手ドリル2
スプリットハンドでさらに右手を感じる

右手1本でクラブを短く握ってボールを打ち
ボールをとらえられるようになったら
スプリットハンドで練習する

今度は実際の長さのクラブを、右手だけで打つ。とはいえ、シャフトが長く片手ではバランスが悪くなり難しいので、左手で支える程度に握りましょう。

スプリットハンドを寄せて握る

次に、右手と左手とが離れたスプリットハンドです。スプリットハンドは、自然に右手リードがわかる優れもの。左手の意識をほとんど消してしまっても、球を打ってみると、面白いように飛ばせることがわかります。さらにスプリットハンドの間隔を狭め、左右分担型テンフィンガーグリップで球を打ってみましょう。

右手1本で「片手スウィング」をしてみると、テークバックやトップの位置など、両手合体型グリップのときに気遣っていたことを、まったく考えなくなっていますよね。**また、スプリットハンドで打ち、その後左右の手を寄せて握ってみると、スゴく打ちやすいのがわかるはず。**

実は、これは「テンフィンガーグリップ」の作り方でもあるのです。

「テンフィンガーといっても、右手はどのくらいフックで、左手はどのくらいストレートに握ればいいのか」などと細かい握り方を考えてしまう方は、発想を逆にしましょう。両手合体型グリップを「離して」握るのではなく、打ちやすい「スプリットハンド」を「寄せて」握るのが、あなたに一番合う自然なテンフィンガーの握り方なのです。

テンフィンガー

利き手リードを3段階でマスター

右手1本とスプリットハンドで練習したあとに
テンフィンガーグリップで打つ。両手になっても、
それまで練習した右手リードの感覚のまま打つこと

人差し指の特殊な機能を生かす

握るだけではもったいない

さてここで、人差し指の機能を考えてみたいと思います。

「桜美式」では、人差し指は他の指とはまったく違って、とても大切な役割を担っているんだよ、と教えています。

右手の人差し指はスウィングの〝羅針盤〟のようなものです。船が何もない海のなかで航海するときに必要な羅針盤の役目だと思ってもらえばいいのです。

たとえば、テークバック。普通のゴルファーは、クラブを握ってアドレスしたあと、テークバックするときには、クラブのヘッドを意識して始動します。

そして、**ヘッドを意識してテークバックを開始しても、いずれそのヘッドは自分の視界から消えてしまう**。ドライバーだとシャフトが45インチほどもあるため、そんな長いクラブを操っていると、先端についているヘッドが視界から消えたあとは、どこへ行ってしまったのかわからない。つねにヘッドを感じながらスウィングできているアマチュアは少ないでし

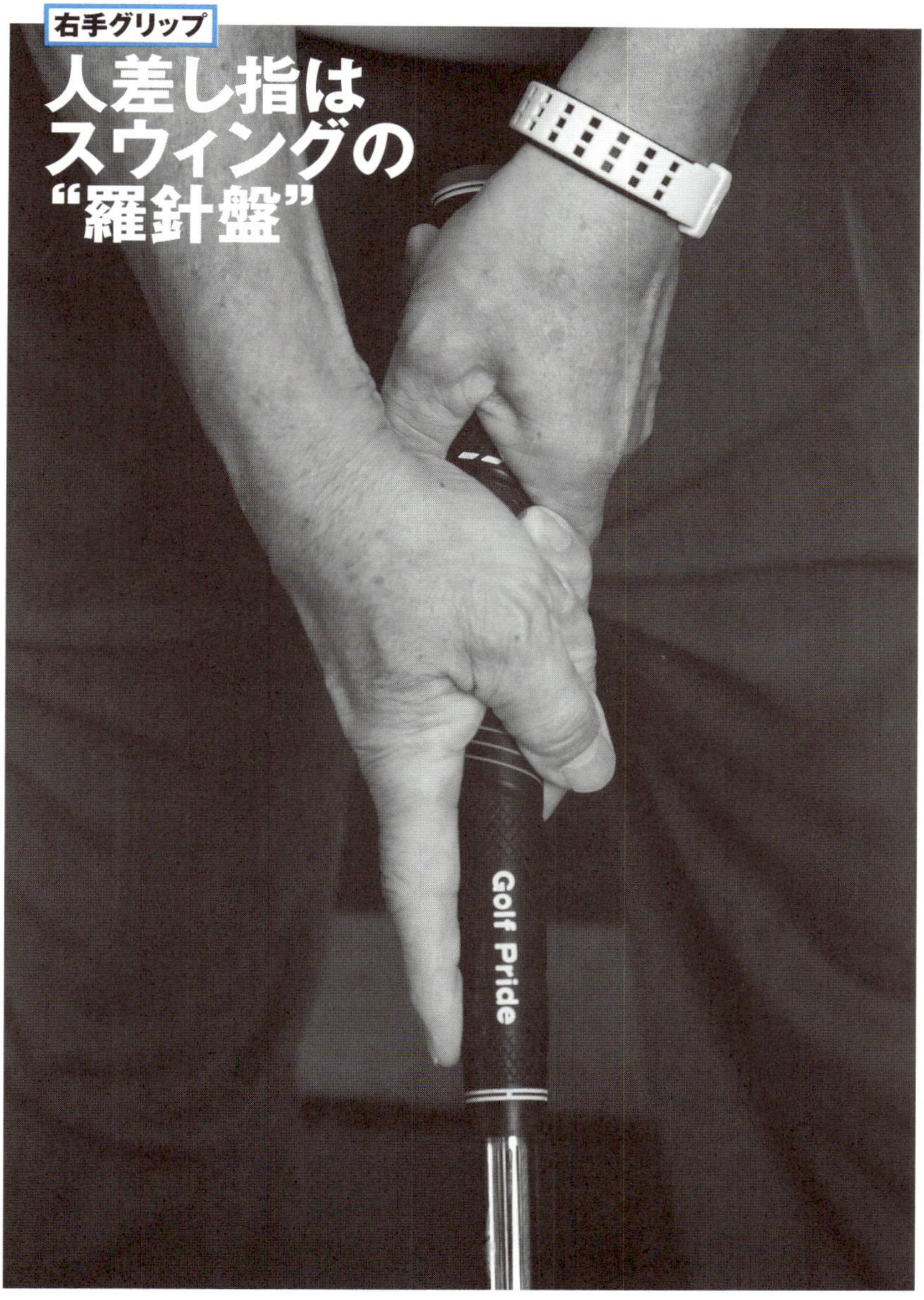
右手グリップ
人差し指は
スウィングの
“羅針盤”
Golf Pride

人差し指には、人の意思が伝わりやすく、しかも
何かを指さすのに用いるという、他の指とは
異なる特性がある。これはゴルフに活用できる

ようし、しかも迷子になったヘッドを毎回正確にインパクトへと戻してくることができているアマチュアなど、ほとんどいません。

　ということは、ヘッドが迷子になって以降は、とても曖昧な自分の感覚に頼るしかない、不安定なスウィングをしているということですよね。トップに収まる位置が毎回異なり、軌道はブレてしまい、インパクトもそろわず、結果として方向性が定まらない。

　しかも、両手合体型グリップのオーバーラッピングやインターロッキングだと、両手を重ね合わせ、利き手である右手の機能を殺し、あえて不器用にした状態ですから、毎回同じスウィングを再現することなど至難の業です。

　そこで「桜美式」では、人差し指の特殊な機能を活用するのです。

クラブの収まりがよくなるドリル

「桜美式」のドリルを紹介しましょう。まずクラブを持たずにアドレスし、どこにグリップを上げればいいのか、自分の理想とするトップの位置を、右手の人差し指で指し示します。次に、その右手の人差し指を、ダウンスウィング同様にインパクトまで下ろしてきて、ボールの打点を指し示します。

　さらには、そのまま右手の人差し指でフォローへと向かい、**球をどこへ飛ばしたいのか、目標を右手の人差し指で指し**

示します。クラブを持たずにアドレスし、トップ↓インパクト↓フォローと、スウィング中のこの3つの目標を、人差し指で順番に指します。そして次にクラブを持ち、先ほどと同じように人差し指を伸ばして打ってみましょう。人差し指で指し示すことで、どこへ上げればいいのか、迷いがなくなるはずです。

クラブを持たずにアドレスし、トップ→インパクト→フォローと、スウィング中のこの3つの目標を人差し指で順番に指す

スウィングリズムが良ければショットの再現性が高まる

腕や足が無理なく動く

リズムはゴルフにとってたいへん重要なポイントです。「桜美式」では子どもたちに、ブランコの模型で遊ばせてから、「ブランコのように打ってごらん」と言うだけで、リズミカルにボールを打ちます。ブランコのように打ってみると、腕も体もねじらないから、腰にもひざにも、どこにも無理せずにクラブを振り抜けます。

しかし従来の教えにどっぷり浸かった、シニアのアマチュアがうちにやってくると大変です。まったくリズムがない。両手を合体させ、腕や体をねじり上げる人やテークバックは体がきしんでしまいそうなほどにギューーッと時間をかけてねじり上げるのに、体が動かない。トップからインパクトまでは、異常な速さでバシッとねじり戻している。

たしかにゆっくり上げて、鋭く戻し、そのギャップからパワーを生み出して飛距離につなげる方法もあります。しかし、むしろ**遠心力を利用した物理的加速を使**

リズムがよくなる
まずは
ブランコを
イメージ
海賊船を
イメージして
力感をなくす

2本のロープに吊るされたブランコや大きな海賊船を
イメージすると、ゆったりとしたリズムになり、
左右に足踏みするように、リズミカルに体が動くようになる

ったほうが、体に負担もなく、クラブを上手に利用したことになり、再現性が高まります。

上体の力みが抜けている

パーシモンに糸巻きボールの時代ならいざしらず、画期的にクラブが進化しているのだから、スウィングも進化させなければなりません。

ただし、ブランコの模型だけでイメージしてしまうと、ボールを打っているうちに、スウィングがどうしても小さく、そして早くなってしまいがちです。

だから、遊園地によくある海賊船をイメージしてもらいます。海賊船の模型を持って、大きくゆったりとテークバックし、また大きくゆったりとダウンしてくればいい。代用するなら、ゆりかごや大きなカゴを持って、海賊船をイメージするといいでしょう。

両腕をゆったりと左右に動かしていると、自然と両足が足踏みするようになって、徐々に上体の力感がなくなってきます。力感はスウィングにブレーキをかけることになりかねない。

女子プロには、力感を感じないスウィングが多いでしょう。それでも飛距離はしっかり稼げている。この**ゆったりした不変のリズムこそが、ミスの原因をなくし、ミート率を上げます**。模型で見ていただいたブランコと海賊船のイメージ、ぜひ試してみてください。

第4章

ショートゲームも10本指

アプローチも
パッティングも
簡単

右手を積極的に使うのが「桜美式」パッティングスタイル

捨てる常識

振り子の要領で打つ

「桜美式」のテンフィンガーは、すべてのクラブに通じるものではありますが、ゴルフが初めての方や本書を手にして試してみたいと思ってくださった方は、**まずパターから始めてみてもいいでしょう**。

理由は単純。ドライバーより、アイアンより、使用頻度の高いパターでテンフィンガーを試すことが、もっともその恩恵を受けられるから。つまり、パッティングを改善すれば、手っ取り早くスコアを向上させ、アマチュアを救済してあげることができるのです。

まず、これまで刷り込まれてきたパッティングの常識を忘れることから始めましょう。そのひとつは、パターはなるべく手を使わずに、両肩の入れ替えで打つ、という常識です。

手も腕も体も、ガチガチに固めてしまったようなこの振り子の動きこそが、パッティングに大切な2つの要素、距離感

パットが入る理由

右手の感覚と感性が最大限生きるから

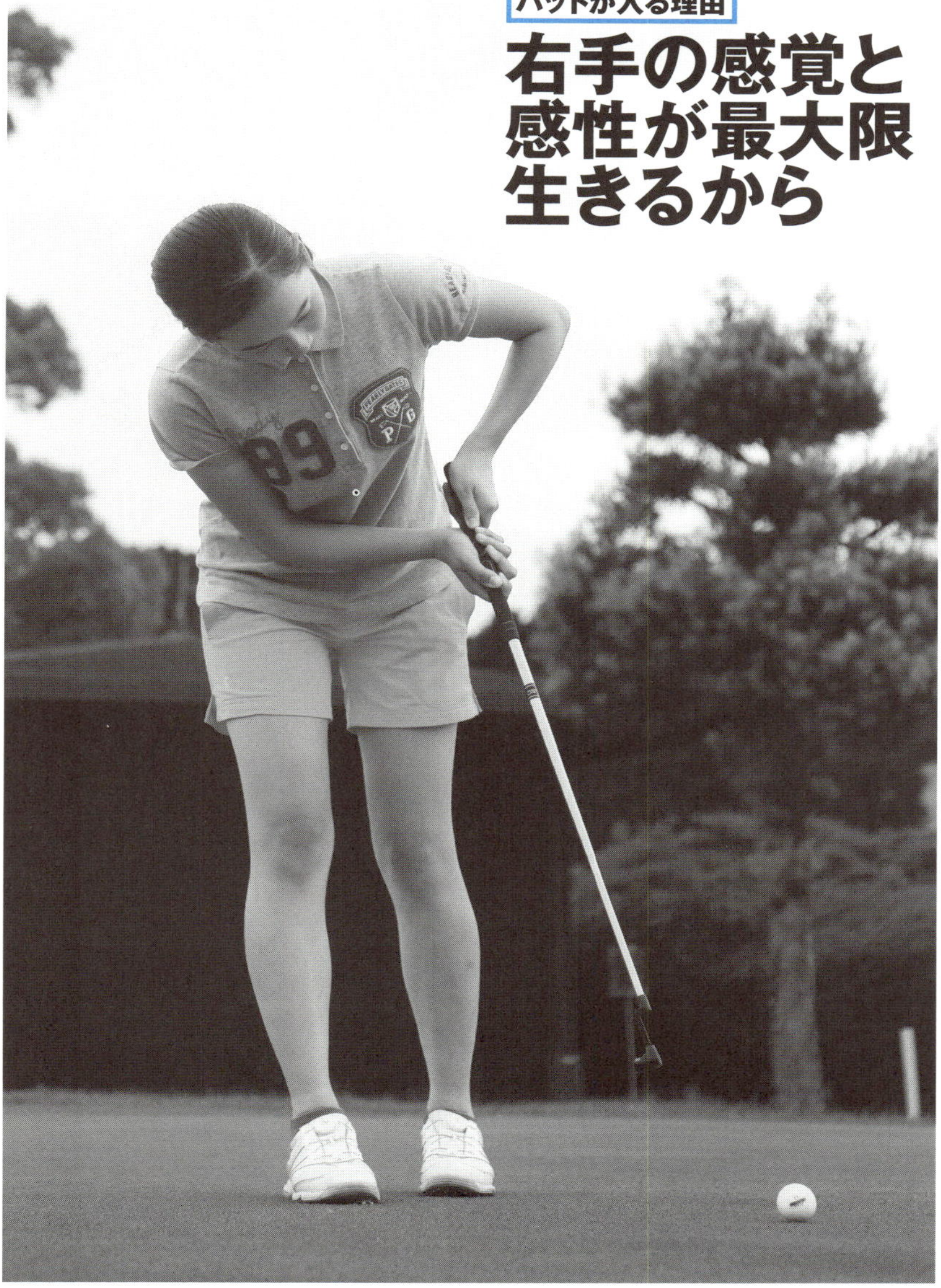

左手は添えるだけのテンフィンガーなら
右手の感覚と感性が生きる。
この打ち方こそが、パットがよく入る「桜美式スタイル」

と方向性をどちらも狂わせてしまっているんです。シンプルに考えてみてください。球をカップに入れることが、グリーン上での目的です。

もしパターという道具を使わずに手で転がすとしたら？　実際に10メートルの距離を手で転がしてみてください。利き手の右手で球を持ち、腕を振って、ポーンと軽く転がすでしょう。

そして手で転がそうと思ったら、オーバーラッピングのような両手合体型の握りなんてするはずがない。そもそも人間は、両手で一緒にやる動作が苦手です。球を両手で転がす、しかも手をなるべく使わずに肩の入れ替えで振り子のようにだなんて、そんな動作、相当練習しなければできません。

左手は添えるだけ

まず両手合体型はやめて、左右分担型であるテンフィンガーにする。細かいことは考えず、10本の指でただ握ればいい。そして手で転がすときのように、積極的に右手を使って球を打つ。左手はパターを握っているだけでいい。利き手1本で行う動作は日常のなかに当たり前にある自然な動きなので高度な調整など不要です。脳の回路もすでにできているため、修練ではなく本能でやれてしまう。

本能のまま自然に右手を使って打つ。**左手はパターに添えるように握っているだけでいい**んです。

パットが上手くなる理由

よく入るから練習も楽しい

テンフィンガーのパッティングを実践する子たちは
よく入るからいつも笑顔。練習も楽しいから
練習量も増え、上達も早い

よく入る、釣り鐘式の「ライジングパット」

捨てる常識

ヘッドを直線的に当てる

私は、振り子のように打たされてきた生徒がいたら、振り子は再現性が悪いから難しく、とても長時間練習しなければなりませんよ、と言ってあげます。

時計の振り子は正確だから良さそうに思いますが、それは機械が動かしているのであって、人間には毎回同じように動かすなんて不可能です。振り子パッティングの問題点は、動く人間と、動かされるパターの接点が、両手を合体させた1点のみで、パターを吊るしている腕も、2本を固めて1本にしていること。1本化した腕でパターを操ることがどれだけ難しいか。

たとえば、お寺の釣り鐘を鳴らす「撞木（しゅもく）」を考えてもらうだけでわかります。坊さんが定時になるとゴーンと釣り鐘を鳴らす、あの木のことです。除夜の鐘を鳴らした経験がある方も多いと思いますが、あの撞木、1本の縄では

ライジングパット

左ひじを引くから フェース面の変化がない

振り子パット

フェース面が変化しやすい

釣鐘式のライジングパットは両ひじを折り曲げて左ひじを抜いていくストロークなのでフェース面の変化がない。
一方、振り子式はフェース面が変わりやすい

なく、2本の縄で吊られています。撞木を毎回決まってあの位置に撞けるのは、2本の縄で吊るしているからこそ。パターのヘッドも毎回決まった位置に打ち出す再現性が重要であるという意味においては、パッティングもお寺の釣り鐘と同じです。

フェースがいつまでも球を向く

両手合体型グリップで、腕を1本化した振り子の打ち方よりも、左右分担型のグリップで、2本の腕で操る釣り鐘パッティングのほうが、再現性が高いのです。

2本の縄で支えて水平に動かせるからこそ、毎回同じ位置に打ち出せる再現性の高い動きが可能になった。パターも同じで、2本の腕で支えて、シャフトを立てたまま動かせれば、ヘッドを地面と水平に走らせることができる。ヘッドのフェース面の向きを考えてもらえばわかりやすい。**振り子だとシャフトが斜めに傾くので、同時にフェースも前後左右に傾いてしまうのに、釣り鐘だとフェースはいつでも球の方向を向いたまま**。

しかも振り子パッティングは、実は球の転がりがとても悪い打ち方でもあるんです。ロングパットでよく見る光景ですが、振り子でヘッドを振り下ろしてインパクトを迎えたその出だしの1メートルほど、球が回転しないまま芝の上をすっ飛んでしまって、その結果まったく距離感が合わないことがあるでしょう？ あれは、振り子のテークバックでヘッドを斜め上へ振り上げ、ダウンで斜め下へと振り下ろして打ちにいくことで発生する現象です。インパクトでヘッドが急な入射角で球に当たれば、当然ながら物理的法則で球は斜め上へと飛び出そうとします。あの無回転現象を、「パッティングの大事故」と私は呼んでいます。

転がらずに直進している球というのは、ほとんど宙に浮いてしまっているわけですから、どこまで飛んでいってしまうかわかりません。球を自分でコントロールできなくなった状態。カップを大きくオーバーしたり、ショートしたりして、3パット、4パットという大事故へとつながってしまいかねませんよね。

ライジングパット

文字どおりヘッドが「ライジング」

「打つ」のではなく「転がす」。テークバックは小さく、
フェース面の角度は変えず、ロフトどおりに当てて引き上げるだけ。
インパクト直後から順回転で転がるのでしっかり目標に向かう

釣り鐘パッティングで、ヘッドを真っすぐ引いて、真っすぐ出していくのはもちろんですが、さらに、**インパクト以降でヘッドを自然と斜め上へと抜いてあげることも大切**です。

振り子パッティングのヘッドの動きは、「斜め上（テークバック）→斜め下（ダウン）→斜め上（フォロー）」でした。対する釣り鐘パッティングのヘッドは、「真っすぐ→真っすぐ→斜め上」。

手で球を転がすことを考えてみてください。手のひら側を上に向けて球を持ち、手を真っすぐ後ろに引き、真っすぐ前に出し、投げたあとは自然と手が斜め上に抜かれますよね。これ、パターのヘッドの動きと一緒です。大事故を避け、しっかりと狙いどおりに球を転がしたいなら、ヘッドの動きは、「真っすぐ→真っすぐ→斜め上」が正解。このヘッドの動きを、「ライジングパット」と私は名付けました。ライジングとは、「昇る」という意味です。

球はカップに「沈める」もの。でもヘッドは上から下へと沈めずに昇る動きをするのがいい。だから、ライジング！

これも、ドリルがありますから、やってみてください。ボールを並べてそれに当たらないように打つだけです。もちろん、**グリップは左右分担型テンフィンガー、「半身の構え」でアドレスし、右手を積極的に使って「陽が昇る」ようにヘッドを動かし転がす要領**です。

ライジングドリル

ボールを並べてヘッドを上に引き上げる

ヘッドはターゲットを真っすぐ向いたまま「ライジング」させる。
そのドリルとして、フォローサイドにボール1個通る間隔を空けて、
ボールを2個置き、ヘッドを上手く上に抜きながら「転がす」

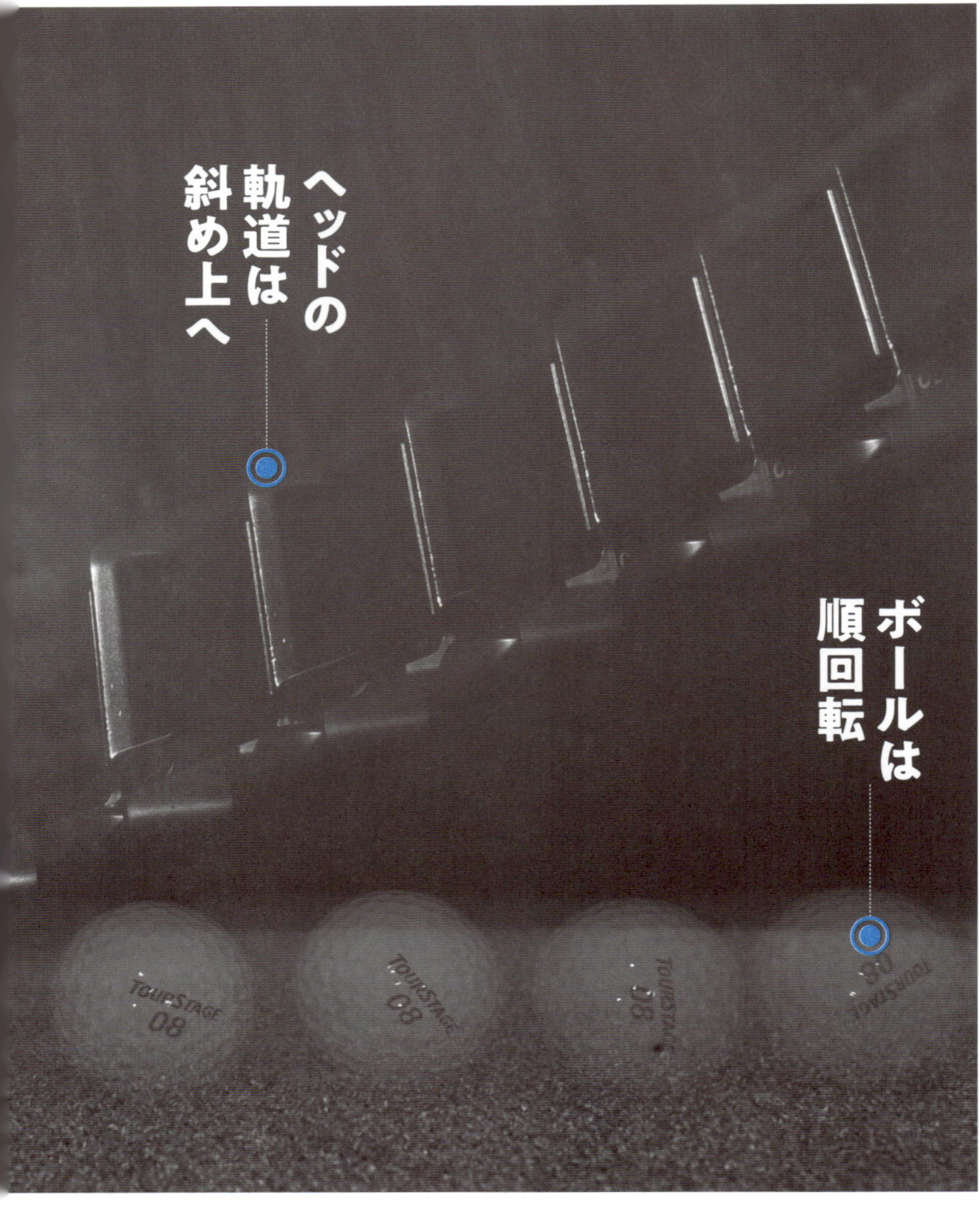
ヘッドの軌道は斜め上へ
ボールは順回転
TOURSTAGE 08

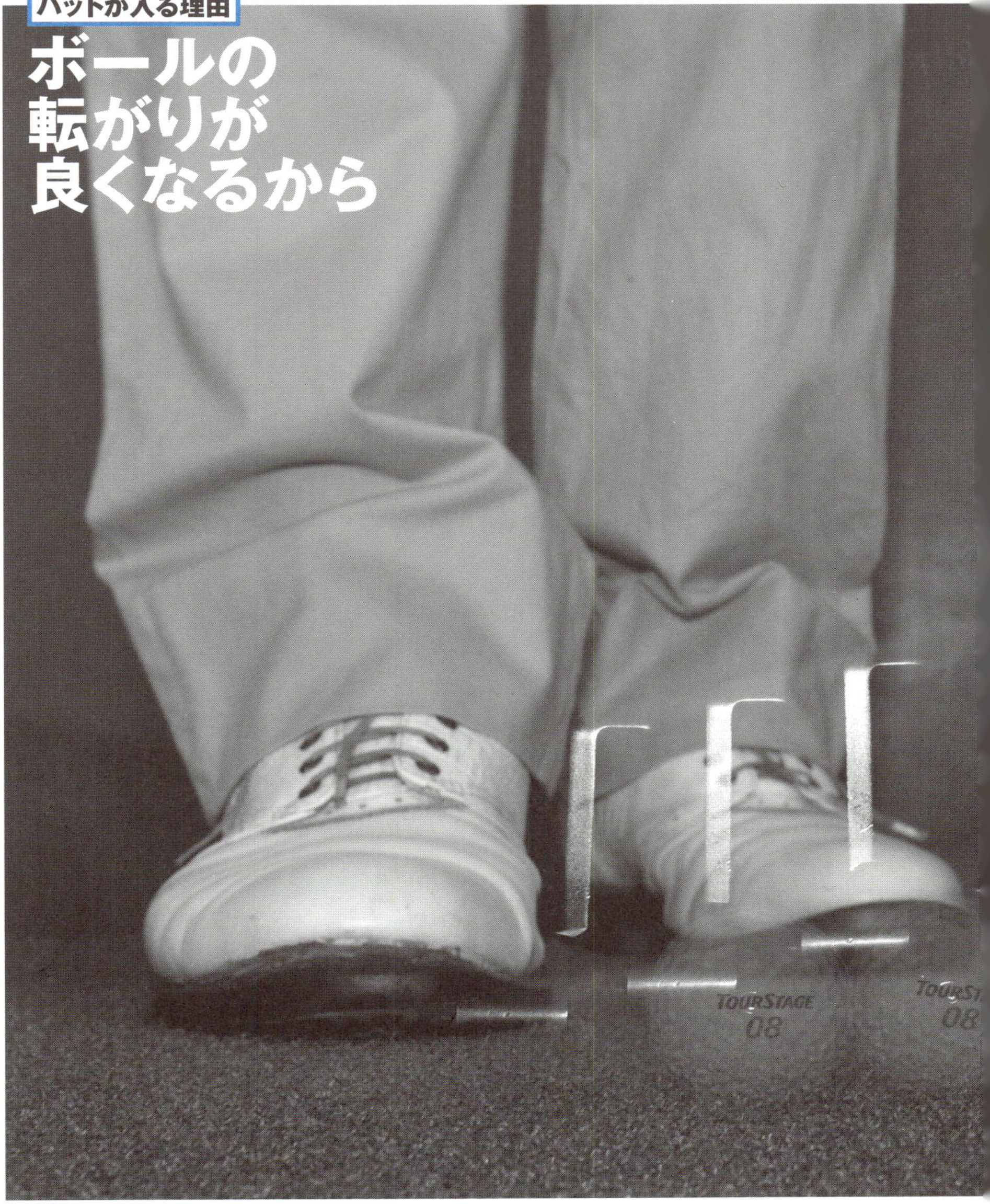
パットが入る理由
ボールの
転がりが
良くなるから
TOURSTAGE
08
TOURSTAGE
08

ヘッドを真っすぐ出して、
斜め上に上げていくライジングパット
ボールは縦回転で、順回転。転がりの良さがはっきりわかる

ボールの「芯」とフェースの「芯」で打つのは難しい

縦回転で球の回転を良くする

「桜美式」のジュニアたちは、球の芯とフェース面の芯とを合わせて「打つ」などという、不自然で難しいことをしません。球をフェース面で擦り上げるようにして「転がす」、「ライジングパット」で打ちます。

　ボールにラインをマジックで描く人は多いと思います。それは、球をグリーン上にセットするとき、カップまでの仮想のラインに、球を真っすぐに置きたいがための線でしょう。

　子どもたちは球にまず「3つの点」を描きます。この点は、そこに当てるためのものではないんです。**点が縦に並ぶように置くため**。球の縦のラインに沿って「転がす」イメージでヘッドを動かすことで、きれいな縦回転（順回転）をかけられるのです。

　「転がす」イメージなら、いつでも球は順回転してくれるから、不測の事態が生じづらく、カップをめがけて最後までしっかり転がってくれます。

ライジングパット

3つの点を縦にして置き、下から順に当てるイメージで打つ

桜美式のジュニアも
ボールに3つの点を描き(それを結んだ線を引く)、縦に並ぶようにセット。
それを下から擦り上げるイメージで転がす

アプローチの距離感はロングパットと同じ

手でボールを投げる感覚

「桜美式」では生徒たちに、まずはこう言ってあげています。「アプローチは、高度な技術なんて要らないし、猛練習もしないでもいいほど簡単ですよ」と。

「桜美式」は、アプローチに対する考え方が、これまでの常識と大きく異なります。ゴルフのスウィングは、3つあるとされていますよね。ひとつめはショット、ふたつめはアプローチ、3つめはパッティングです。ショットは「打って飛ばす」、アプローチは「上げて寄せる」、パッティングは「転がして入れる」、というのが、ほとんどのゴルファーが抱いている3つのスウィングに対する固定観念です。

最近では、アマチュアでもロフトが56度や58度といったウェッジをグリーン周りから使用するケースが多く、「上げて寄せる」ことに躍起になっています。それは、テレビで目にするプロの影響もあるでしょう。大きなトップから、開き気味のフェースを素速く振り抜き、高い軌道で距離を出さず、ピンをデッドに攻め

動きは同じ

ロングパットとアプローチは動きも“カタチ”も同じ

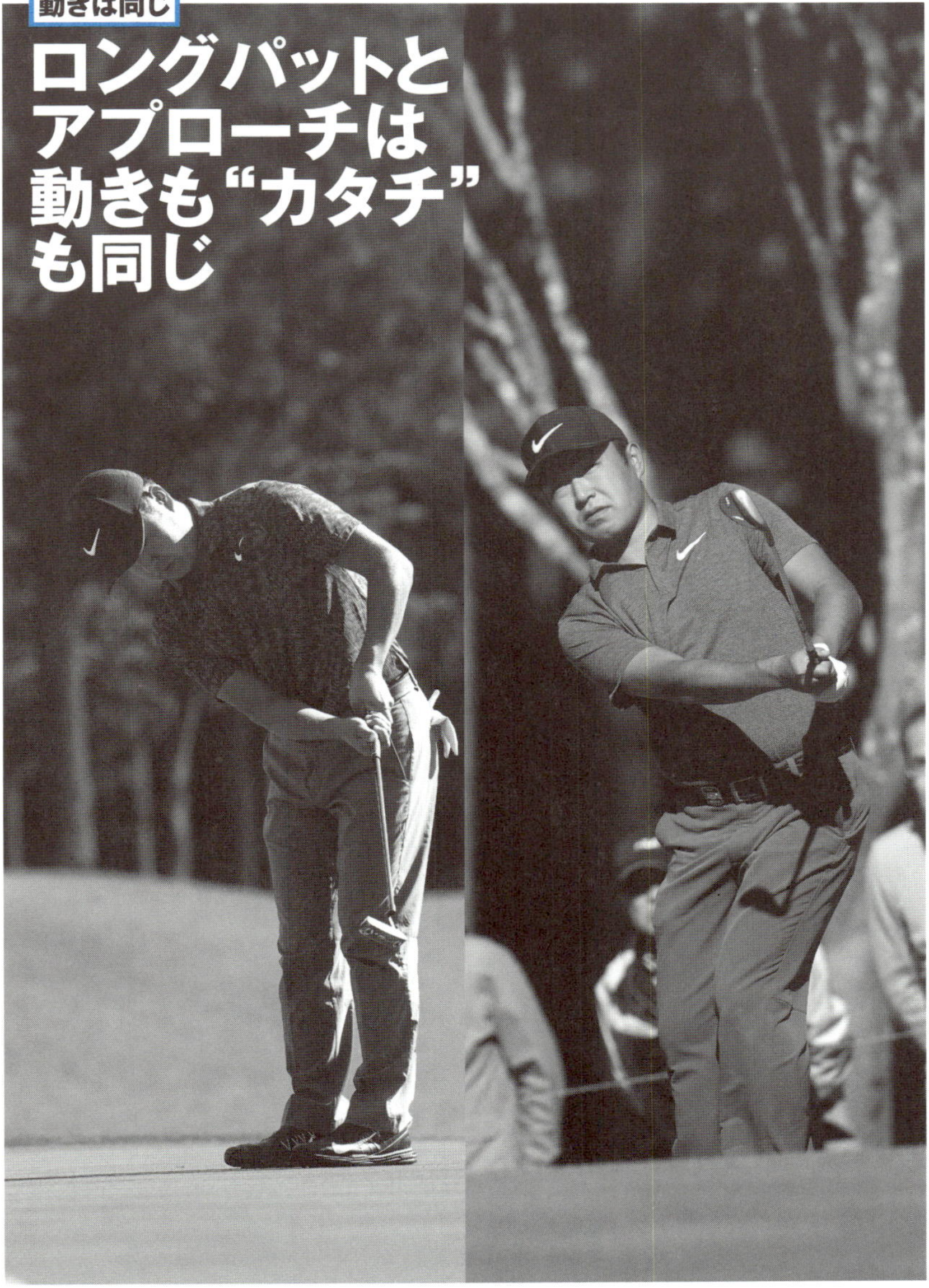

時松プロのロングパットとアプローチを見比べてみると、
テンフィンガーグリップはもちろん、
アドレスから打ち方まで同じだ

ていく。そんなアプローチこそがカッコ良いと思われている風潮があります。

フワリと上げて、ピタリと止まるアプローチ、憧れますよね。でもそれは猛練習の末に高度な技術を身につけたプロだから成し得る**「曲芸」**と言っていい。アマチュアがプロの真似をして、わざわざ難しい選択をする必要などない。私からすれば、プロの真似をして失敗し、ムダにスコアを悪化させているアマチュアこそ、カッコ悪く思えます。

「桜美式」では、アプローチもパッティングと同じでいいと教えます。アプローチとパッティングの違いは、グリーン上に球があるかないか、そして球が宙に浮くか浮かないか、ただそれだけ。打ち方自体は、**「ロングパットの、さらに距離が長くなったのがアプローチ**なんだ」と。

ショットやパッティングの他に、アプローチという特殊なスウィングがある従来の常識だと、アプローチだけに用いる特有の「カタチ」を身につける必要が出てくる。だからレッスン書などには、事細かくアプローチのカタチが示されていますよね。球を左足寄りに置き、ハンドファーストに構え、インパクトで手首の角度を変えず、右ひざを左へ送り込む、などなど……。しかし、人間はカタチにこだわればこだわるほど、感覚が殺されてしまうもの。手首とか右ひざとかのことを考えてしまった瞬間に、本来はどんな機械よりも精密にできている人間の脳のコンピューターの機能が低下し、導き出される距離や方向の感覚が曖昧になってしまうんです。

つまり、アプローチでも、ロングパットのときのように、自分の目で見て脳で計算された距離や方向の感覚を生かすべきなんです。

そのためには、「上げて寄せる」という技術を習得しようとするよりも、パッティング同様に、「転がして入れる」ほうがいい。

すなわち、**ピッチショットでも、ピッチエンドランでもなく、ランニングアプローチ**。「桜美式」ではランニングアプローチとは呼ばず、「ロングパットの延長」と呼んでいます。

桜美式アプローチ

「上げて寄せる」より「転がして入れる」

難しいアプローチを習得しようとするより
パターの延長と考えて
「転がして入れる」イメージを持つといい

45度のクラブで転がして寄せる

半身の構えでハンドアップ

グリーン周りなら、クラブは56度や58度といったウェッジなど持たず、逆にロフトが立ったクラブがいい。

90度の半分、ロフト45度のクラブであれば、打った力とその反発がもっともズレない角度と言われていますので、上手く転がすのに最適です。本来であれば9番アイアンくらいでしょうが、今はストロングロフトになっているので、PWがちょうどいいくらいです。

構えは、アプローチだからといって特殊なカタチは不要。すべて、ロングパットに準じていい。まず、カップとラインを両目で見て、グリップは右手主導のテンフィンガー。スタンスは右足を前に出した半身の構えです。オープンスタンスになり、ハンドアップになり、左ひじが引けた構えになります。**ヘッドのヒールが地面から少し浮いてもかまいません**。フェースのトウ側に球を置き、ヒール側を浮かせたままで転がす。ソールが地面とべったりつかず、接点が少なくなることで、冬芝だろうと、ベアグラウンドだろうと、どんなライでも影響を受けにくくなります。

パターをＰＷや９Ｉに替えただけです。

打つのではなく、パッティング同様転がすように振ること。そしてロフトを意識すると打ちにいきたくなるので、ロフトに反応しないことも大事です。

パター式アプローチ

トウ側に球を置く

クラブのヒール側を地面に接しないようにして
ライジングパットの要領で振る。利き手のひらで
持ったクラブでボールを投げる感覚が大事

右手重視だから"上げるショット"も打てる

高く上げないのが桜美式

「アプローチはロングパットの要領」とはいえ、グリーンから少し離れたボールを上げる状況では、どうすればいいでしょうか。

たとえばバンカー越えのようなケースであっても、「上げて寄せる」という意識は要りません。クラブで「打つ」のでも「上げる」のでもなく、手でボールを「投げる」アプローチだからです。

右手で球を持ち、下手投げで、低い位置から投げてカップに寄せるイメージを持つ。できるだけ球が宙に浮いている時間を少なくし、早めに着地させ、やはり「転がして入れる」ことを重視するだけです。

それができたら苦労しないと反論したい方もいるでしょう。でもそれは、左手重視で打ってきたから思うことで、右手重視なら話が違います。下手投げの要領で、という「ボールを上げる」打ち方は誰もができるようになるんです。

練習で、15ヤードくらいからこの打ち

方を繰り返し打って、慣れてきたらと30ヤードでも50ヤードでも、寄せることができるようになります。

右手の手のひらで投げて寄せる感覚を

生かせば、失敗を激減させることができます。自然でシンプルで簡単だということは、誰もが楽しめるということでもあります。

“上げるショット”

右手重視で下手投げの要領

テンフィンガーなら右手を使うので
下手投げの要領でボールは簡単に上がる。
“ロブショット”も打てるようになる

スプリットハンドはドリルにも実戦にも効果的

左手重視のクセをなくそう

アプローチはテンフィンガーで行うだけでもいいのですが、それでもまだ左手が自分の役割を与えられていると思ってスウィング動作に〝邪魔〟してくる人は、スプリットハンドにすると、右手主導がさらに強まり、左手の役割がほとんどなくなる。もう自分がすることはないんだと左手があきらめ、ただシャフトを支えている程度になります。アマチュアが不器用な左手主導で打つと、ダフリやトップの危険性が高まります。それを認識し、左手は極力封印する。そのためにもスプリットハンドは有効な手段です。

また、スプリットハンドは力を殺してコントロール重視にできる。だからスプリットハンドにし、右手を離してグリップから球までの距離を近づけたい。同時に、**目から球までの距離も近くなるので、狙いどおりにヘッドをコントロールしやすくなる**わけです。

「桜美式」は、自然にやさしくがモットー。**クラブを右手で操り、目を球に近づ**

ける。これは、ターゲットを狙い澄ますとき、人間が当たり前に行う動作です。それなのに、このスプリットハンドを奨励すると、「そんな打ち方はカッコ悪い」

と言うアマチュアがいます。でも、私からすると、左手主導で目を球から離して打ってミスを多発している人たちのほうが、よほどカッコ悪いですよ。

スプリットハンド
右手主導で
さらにヘッドを
コントロール
しやすくなる

左手重視でアプローチをしてきた方にとくにおススメ。
スプリットハンドは右手主導の感覚がわかりやすく
ヘッドのコントロールも簡単になる

バンカーショットも〝刀イメージ〟で

クラブの特性を理解し「切る」

バンカーショットが苦手なアマチュアは多いですよね。「桜美式」では、これをどう教えているか。それはズバリ、刀で「切る」イメージです。

「打ち」にいこうとするから、上手くいかない。そしてますます苦手になる。だから、「切る」のです。そうすると、苦手なイメージも消えていきます。

これは、傾斜やラフなど、難しいライや距離感が出しにくい状況でも同じです。

難しい状況こそ、左右分担型テンフィンガーで、器用な利き手を使い右手主導で打つ。

バンカーというと、球を上げなければならないという意識から、左肩を上げて砂をすくおうとしてしまうアマチュアも多い。そんな人に、左肩を上げてはいけませんとか、体のカタチの指導をしてもムダです。それより、クラブ構造の特性を理解してもらいます。サンドウェッジは、他のクラブに比べてロフトもバウンスも大きく作られている。ロフトが勝手

バンカー克服法
刀で
切る
イメージが
簡単で
効果的!

「打ち」にいこうとするから、上手くいかず、
ますます苦手になる悪循環。
「切る」イメージで行えばバンカーもやさしくなる

に球を上げてくれること、バウンスが勝手に砂を削ってくれること。これらを理解し、あとは刀のイメージだけでいい。距離感は、ピンから距離が近い場合は、

フェースを開くだけ。打ち方を変える必要はない。遠い場合は、フェースを普通のロフトに戻す。これだけでも、さまざまな状況に対応できます。

成功者たちの
体験談

9本指から変えた人も、最初から10本の人も……

テンフィンガーにして良かった！

本書を読んで、テンフィンガースウィングに挑戦してみようと思った方、まずは成功者の体験談を読んでみてください。すぐに、試してみたくなりますよ！

最初から10本

「刀スウィングはイメージしやすい」

18年KBCオーガスタ48位、福井国体少年の部優勝
出利葉太一郎くん
（17歳・沖学園2年・HC＋1・ゴルフ歴8歳〜）

「ずっとテンフィンガーですが、練習場のみなさんを見てオーバーラッピングやインターロッキングを試したことはあります。でも、違和感が生まれ、左親指が痛くなった。周りにも指が痛くなった人がいますが、やっぱり、テンフィンガーはケガをしないんですよね。それが一番いいところです。苦労したことは、いろんな人に『何それ』なんて言われることです（笑）。よく『グリップを右手で下から握っているからダフるんじゃないか』とも聞かれますが、実際、そこは気になりません。『刀スウィング』は、これからグリップを変えようとする方にもイメージしやすいと思います。刀で切るイメージで握れば、自然にテンフィンガーになりますから。平均280〜290Y飛びますが、あまり飛距離は気にしていない。曲がらないほうが大事です。桜美のジュニアはみなフェード打ちになりますが、僕のミスはスライスしすぎることが多い。リズムが早くなる

のが原因なので、気をつけるようにしています。パッティングも、ずっと『ライジングパット』です。ボクは硬くて機械みたいな動きになりがち。（時松）源蔵プロは自然体で柔らかい。だから今は、左肩を開く感じでカップを狙って構えるようにしました。カップが見やすくなるし、余計な力が抜けます。何事も、信じて取り組みます。そうすれば、すべて上手くいくと思うんです」

10本にチェンジ

「力が伝わりやすいから飛距離が出る」

17年日本学生優勝
清水大成くん
（19歳・日大2年・HC＋3・ゴルフ歴9歳～）

「ゴルフを始めたときはオーバーラッピングだったんですが、半年後にテンフィンガーにして、最初は違和感があった。思い切り振れない感じがしたんです。でも、すぐに慣れて結果が出ました。ムダに指を使わないぶん自然に打てる。指を重ねていないぶん力が伝わりやすく、10本の指を使えるからマイナスがない。無理がないから逆に振りやすいので飛距離も出ると思います。高2で290Yくらい飛び始めましたね。また、右手の感覚をそのまま出せるので、操作性もいいんです。ケガがないのもいいです。僕はひねったり、体重移動や、わきを締める意識はないんです。先生の道具で、グリップが途中で折れるものがある。これは、体をひねったら球が打てないんです。ひねらなくても飛ぶ感覚がわかるようになりました。

周りに、このグリップで300Yもよく飛ぶねえ、と言われますが別に何とも思いません。今はだいぶ言われなくなりましたけれど。得意クラブはドライバー。でも全部好きかな。これからもショットの精度を上げ、さらに弾道を意識して狙えるようにしたい。将来はPGAツアーでも戦いたい。タイガーやマキロイみたいにガンガン攻めるプレースタイルでいきたいです」

10本にチェンジ

「距離感を作るのは右手のひらです」

18年日本女子オープンローアマ

後藤未有さん

（18歳・沖学園3年・HC＋6.5・ゴルフ歴4歳〜）

「ゴルフを始めたときは、一般的な握り方を教えられたのですが、小指を重ねなくても握りやすかったので自分でテンフィンガーに変えることにしました。

桜美に入ってからは、もちろんずっとこれです。このグリップのおかげで他の人よりボールは曲がらないし、ＯＢもスゴく少なくなったと思いますよ。私は、身長が157㎝と大きくないほうですが、飛距離は240〜250Ｙと結構飛びます。トレーニングで下半身を鍛えているのもありますけれど（笑）。また、私はノーコックでクラブを振るんですが、スウィング中に体や腕にねじりがあるとやっぱり曲がりますよね。ドローボールを打ちたいときは、少し手を返す意識とねじる意識はあるかなあ……ただ、このテンフィンガーグリップは、大きい部位でスウィングできるのもいい。日頃からチェックするところが少なくてすみます。スタンスだって、オープンにしているというより、左のつま先が飛球線方向に少し向く感じ。スクェアにすると下半身が詰まる感じになるので、自然にこうなってきたんだと思いますね。

アプローチは、一緒にラウンドしたプロの方にも『そのグリップだとコックを使いにくいからスピンがかからないんじゃないの？』と言われることもよくありますが、練習してフェースの入れ方次第でスピンもかけられるようになってきた。パッティングも、他のグリップでもやったことがありますが、違和感しかない。やっぱり、この『ライジングパット』が転がるイメージを出しやすく、距離感を合わせるときに右手の感覚を使えるのでいいんです。ロングパットの距離感なんか得意なんですけど、右手のひらの感覚で作っているんですよ」

最初から10本

「フェースローテーションしないからやさしい」

鶴丸裕太郎さん（28歳・HC0・ゴルフ歴12歳～）

「僕は源蔵プロの同期。最初からテンフィンガーだったので、何も苦労はなかったのですが、高校・大学に行くと『何だそれ』とも言われました。桜美式は当初から、フェースローテーションを使わない、縦振りスウィング。これって今の主流ですよね。大学のときジョーダン・スピースのスウィングを見てびっくりしました。フォローでの腕の逃がし方も似ている。時代が追いついてきたなと。桜美式は昔から言っていることが変わらない。伝え方は変化しますが、軸がブレないから重みが違う。曲がらない、体を壊さない、飛ばすより方向性。すごくシンプルです。また、パッティングはとくにスゴいとみなさんに伝えたい。ラインに負けない球の転がり。順回転がかかるので、最後の1、2回転が違うんです。だから、そこまでラインを読まなくても大丈夫。球がよれないし素振りしなくてもいいからメンタルにもいいんです」

最初から10本

「シンプルに考えられ手を痛めたりしない」

小西優恵さん（13歳・筑紫丘中1年・HC5・6・ゴルフ歴5歳～）

「テンフィンガーは、ゴルフがシンプルにでき、手を痛めたりしません。篠塚先生は地球儀や、横棒などいろんな道具で説明してくれるのでイメージがわきやすいです。今はとくに刀のイメージがいい。今までより手のひらを上に向けて握る感じにすると、テークバックがスムーズにできるし、打った感覚が軽いのがいい。スウィングが安定したので、前より曲がらなくなって飛距離も伸びました（今210Y）。それと、ラフなどが前は上手く打てなかったけど、刀イメージで苦手意識がなくなった。また、アプローチはロングパットのイメージで、パットは、普通に足をそろえて打つと、体やフェース面が右や左へズレるので、右足を前に出してカップをしっかり狙って打っています」

10本にチェンジ

「当たったときが気持ちイイ！」

八幡憲一郎さん（64歳・HC19・ゴルフ歴18歳～）

「昨年春にテンフィンガーにし、飛距離は30Y伸び、ハンディも4つ減りました。50年近くゴルフをしてきて初めての体験で勇気が必要でしたが、実際にやってみると、まず当たったときに気持ちイイなと。さらに、力が入らなくても飛ぶのが一番いい。1ラウンドしても肩が痛くなくなりました。引っかけもなくなります。慣れるまで、球が右に出てしまって苦労はしますが。

また、人間ってイメージすればできるものです。僕の場合は、ヘッドの動きを飛行機の離陸のイメージにしたとたん、真っすぐボールが飛ぶように。〝ねじらない〟という感じがつかめた。パットもよくなりました。最近、ハーフで40のベストスコアも出たんですよ。第二の人生の楽しみと健康のため、もう一度シングルに挑戦しているんです」

最初から10本

「横棒を意識するとプレーンが安定する」

小川悦三さん（63歳・HC18・ゴルフ歴36歳～）

「野球経験者だから、以前からテンフィンガーでしたが、首のヘルニアや腰痛、病気にも苦しみ、握力も左右12程度しかなくなった。15年のブランクを経て60歳からゴルフを再開しました。

今、無理なくできるのは、桜美式のおかげ。いろいろな道具があるから楽しく覚えられます。『横棒』の意識ができたことが大きく、スウィングプレーンを描けるようになり、それが一定になった。だから曲がらなくなりました。ダスティン・ジョンソンのようにフェースがシャットに動くようになったのも、曲がらなくなった要因です。意識が『横棒』にいくと、変な力みがなくなり脱力できるようにもなった。何より腰がぜんぜん痛くないのが一番嬉しいです」

10本にチェンジ

「振りやすいし曲がらない」

プロゴルファー
長田真矩さん(24歳・ゴルフ歴11歳〜)

「ゴルフを始めて半年後、桜美式に通い始めました。最初はインターロッキングでしたが、そのうち腰が痛くなり、左の小指も疲労骨折して……。ベースボールグリップは野球経験者だから握りやすかった。先生が道具を使って説明してくれるのもわかりやすくて。振りやすいしボールが曲がらなくなり、腰の痛みもなくなりました。僕は168cmで57kgですが、270〜280Y飛びます。トレーニングと無理ないスウィングのおかげです。プロテストにも1発合格、レッスンなどでお金を貯めてQTに挑戦していきます。

テンフィンガーの苦労といえば、他の人とスウィングが違うので、参考になるものが少ないことくらいですね」

10本にチェンジ

「パットから変えたのがよかった」

原田勲さん(夫・93歳・HC36・ゴルフ歴63年)
原田敏子さん(妻・85歳・HC35・ゴルフ歴60年)

「2人ともオーバーラッピングだったのを、私は70歳のとき、妻は62歳のときにテンフィンガーに変えました。『パットだけでも効果がありますよ』と篠塚さんに言われたのがきっかけです。すごく楽だったのでスウィングでもテンフィンガーに変えました。意外にすんなりでき、スコアもどんどんよくなって、HC10に。真っすぐ飛ぶようになり飛距離も180Yから220Yに伸びたんです。手にマメも、腱鞘炎もなくなったのも嬉しいですね。

桜美式は打法が常に進化するので、ゴルフに変化があって楽しいんです。家内も85歳とは思えないスウィングで今も飛ばしてますよ。2人とももちろん、昔ほどは飛ばないけど、今も楽しく、ケガをしない、いつまでも若く歳を取らないゴルフができています」

10本にチェンジ

「イメージで上手くなれるのが楽しい」

牛島悦子さん（47歳・平均110・ゴルフ歴2年）

「仕事のつき合いでやむを得ずゴルフを始め、最初はオーバーラッピングで握っていましたが上手く打てず、桜美式のテンフィンガーにしました。1、2回目のレッスンでは、手元と心の違和感と不安定さしかなかった。それが3回目のレッスンで知らないうちに安定していたんです。ボールの当たり方が劇的に変化して驚きました。今は刀をイメージすることが目からウロコ。衝撃的に当たり始めました。刀で切るイメージのまま振れば、バコーンと当たる。イメージがしやすいんですね。それに、右腕を折り畳んで上げるクセも直りました。それに、手が痛くならない。握り直したりしなくていいので毎回同じルーティンで打てる。最近は楽しくてしょうがないです。スコアも少しずつよくなってきてます。今までは『あれはダメ、これはダメ』と教わっていたので、ゴルフは難しいイメージがあった。でも、今は褒められて伸びている感じです」

最初から10本

「刀のイメージで力みがなくなった」

深町口サメグミさん（49歳・初心者・ゴルフ歴半年）

「娘が通っていて、私もと始めました。ラウンドしたのは今日で5回目。ハーフで55でした。その前は18Hで127です。私はテニスやバレー、他のスポーツをしていた。だからかテンフィンガーは打ちやすかったし違和感がなかった。実は娘が最初2カ月間オーバーラッピングにして腰を痛めたんです。練習に行ってもすぐに帰りたいと言ってたときに桜美に出合いました。インターロッキングの主人もテンフィンガーにしたいようなんですけど、パワーヒッタータイプで、変えるのは勇気がいるみたい。でもスコアは110～120なんです。ショットの面では私が勝ってます（笑）。やっぱり男性は恥じらいだったり、プライドがあったりするんでしょう。最近、刀のイメージでまたよくなりました。『刀のようにシャフトを反らせ、ヘッドがついてくる』と自分で唱えながら。篠塚さんから魔法の言葉をまたひとつもらいました」

10本にチェンジ

「200〜300球で意外と慣れてくる」

関暁彦さん（55歳・HC6.4・ゴルフ歴30年くらい）

「20年前くらいからテンフィンガーにしました。桜美式は理論的です。30年前、他のプロに習っていましたがシングルになれなかったのに、桜美式に取り組んで2年せずにシングルに。やっぱり『トップがこうで、切り返しは……』なんてやると脳に無理がくる。スウィング中、速く動くのにいろいろ考えるのは無理ですよね、医学的にも。私は歯医者なんですよ（笑）。

昔はひねる動きを思い切りやって力感を感じて打っていたのが、今は逆の動きをしています。力感を感じずに球が飛ぶ。一生懸命振らないと飛ばないと思っていたのが、勝手に飛ぶのが不思議です。ただ、最初に困ったのは、親指がグリップ上にないので安定しない気がすること。でも、両手を離して200〜300球も打てば、もう戻れなくなる。それだけ指を合体させるのは不自然なんです」

10本にチェンジ

「アプローチが利き手を使えていい」

由岐脩二さん（47歳・HC14・ゴルフ歴30歳すぎ〜）

「テンフィンガーにして12年です。最初はオーバーラッピングで100を切ったり切れなかったり。桜美を紹介してもらって、初めてテンフィンガーというものを知りました。テンフィンガーはヘッドを返さなくていいので、曲がらないなど……理にかなってます。僕、理系なんですよ。あとは、とにかく『当たる』んです。気持ちイイですよね。距離は伸びなくてもミートする。だから曲がらない。周りの人からも言われます。ひねったり、手を返したり、腰を切る意識は消えました。

レフティの私ですが、アプローチがすごくいい。左手を使って素手でボールをポンと投げるイメージが出やすい。左手（利き手）を使うから安定します。アプローチがよくなり、ショットの曲がり幅が少なくなったおかげでたまに70台も出るように。パットもテンフィンガーです。ショットとつながってるので変えたくないんです」

10「桜美式」はいつまでも進化し続ける

すべては「テンフィンガー」から始まりました。

私が競技ゴルファーだった頃、ケガをし、苦しんでいたときに、大石迪夫先生との運命の出会いがあって、初めて気づいたのです。もっとゴルフが簡単に、楽しく、体にやさしくできる方法を考えなければ、これ以上ゴルフ界の成長はないと。そのためには「テンフィンガー」が自然だと。

総論30年、左右分担型グリップの研究を始めてすでに20年がたとうとしています。今、いよいよ分担型グリップの時代がきたのではないでしょう

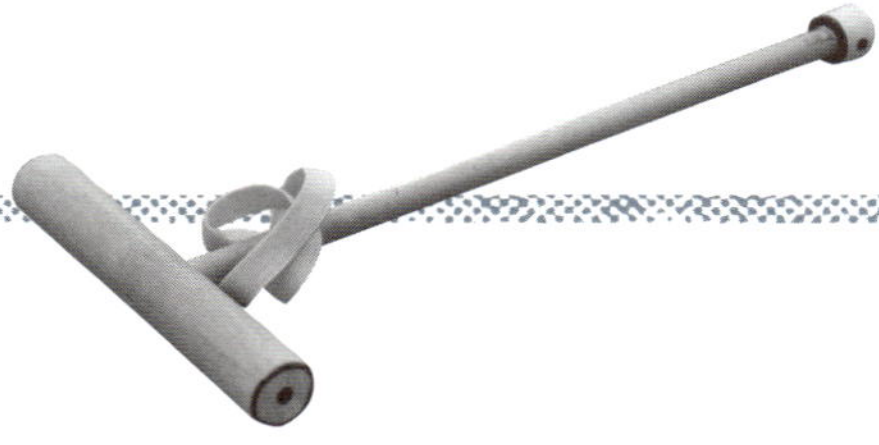

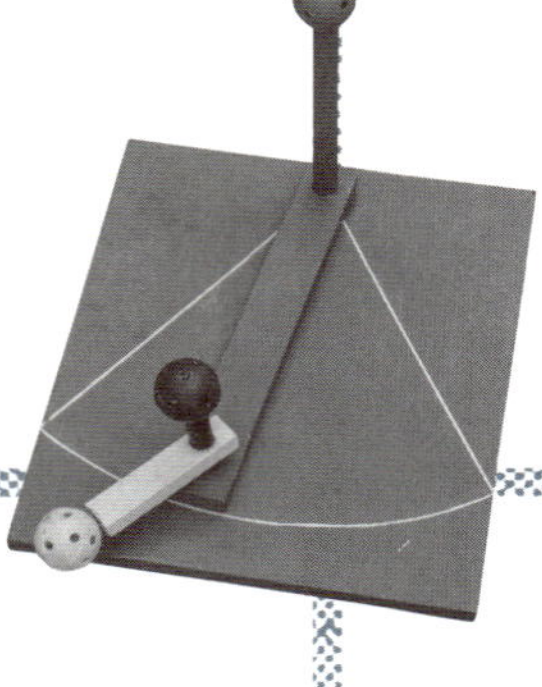

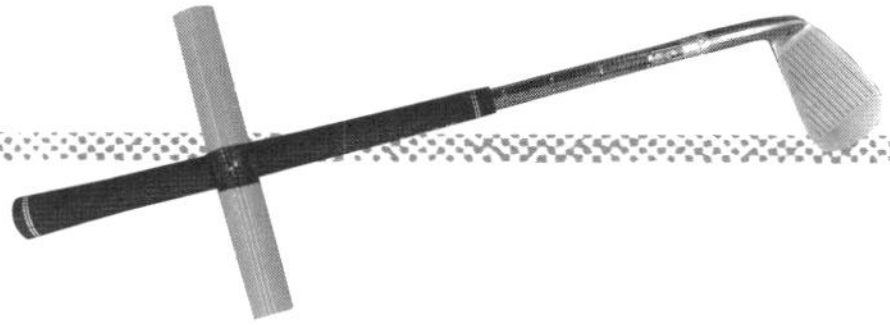

か。グリップがスウィング理論を変えるのです。多くのアマチュアやジュニアを教えるなかで、最初から私について来てくれた時松隆光プロは、今や賞金王争いもできる選手となっています。そして、それに続くジュニアたち。感謝の気持ちしかありません。新しいものを発見して、それに同調してくれる人、認めない人、みんな私のサポーターです。必ずや、もっとすごいことを発見したい、それが私の生きる道なのです。

一緒に「OS理論」を作り上げてきた大石先生はおっしゃいます。「この理論で、日本選手が400Y飛ばし、世界で活躍できることが可能な時代がくると思います。しかし、未知の領域がまだある。この理論もさらに進化していかねばならないんです」と。ですから、ここは「あとがき」の場ではなく、次章への「まえがき」の場でもあると思っています。「今日こそ、新しい発見があるのではないのか、そんな1日が楽しい」。ゴルフが好きだから、他の楽しみは二の次。この分担型グリップで、世界を制するジュニアが誕生するまで。今日もクラブ片手に私は歩みます。

（篠塚）

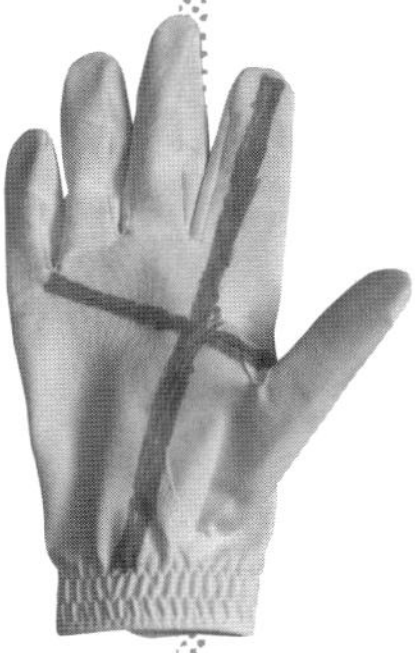

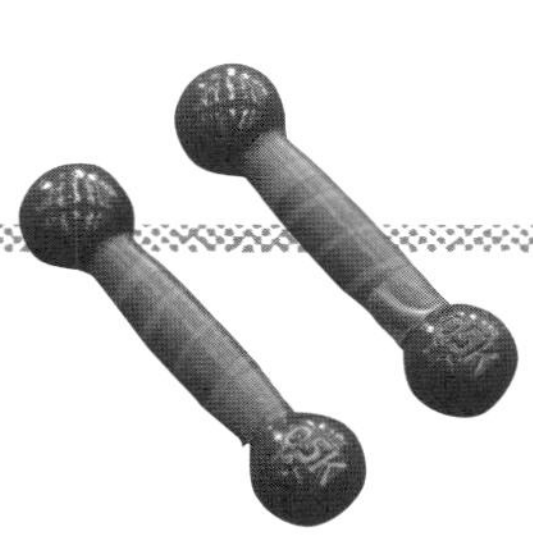

篠塚武久（しのづかたけひさ）

1945年生まれ、73歳。福岡市のゴルフ道場「桜美ゴルフハウス」を主宰。福岡大学の大石迪夫教授と共同で作り上げた“桜美式”「OSゴルフ理論」で時松隆光プロなど、日本で活躍するトップゴルファーを多数輩出。篠塚本人も日本オープン4回出場など、トップアマとしての実績も多数。工学部出身の知識を生かし、“伝える道具”づくりが得意。週刊ゴルフダイジェストに「みんなの桜美式」を好評連載中

10本で握る テンフィンガースウィング

2018年10月29日　初版発行
2019年 2 月27日　4刷発行

著者　篠塚武久
発行者　木村玄一
発行所　ゴルフダイジェスト社
〒105−8670　東京都港区新橋6−18−5
email:gbook@golf-digest.co.jp
URL: http://www.golfdigest.co.jp/digest
書籍販売サイト「ゴルフポケット」で検索
デザイン　植月誠、近藤可奈子
印刷・製本　株式会社光邦

定価はカバーに表記してあります。
乱丁・落丁の本がございましたら、小社販売部までお送りください。
送料小社負担でお取り替えいたします。

ISBN 978-4-7728-4180-1 C2075